Werner Siepe:
Die besten Konzepte für Ihre Geldanlage in Fonds

Werner Siepe

Die besten Konzepte für Ihre Geldanlage in Fonds

Dieses Buch wurde umweltfreundlich hergestellt. Zusammen mit der Druckerei haben wir ein Buch geschaffen, das sich durch hohe Umweltverträglichkeit in Produktion und Recycling auszeichnet. Die Verpackungsfolie aus Polyethylen (PE) ist in der Herstellung physiologisch unbedenklich; sie verbrennt rückstandsfrei zu Kohlendioxid und Wasser. Gleiches gilt für die Polypropylenfolie, mit der der Schutzumschlag kaschiert ist. Geklebt wurde mit Dispersionsklebstoff auf Wasserbasis, also ohne Lösungsmittel. Die Buchdeckel enthalten 2 mm starke Graupappe aus 100 Prozent Recyclingmaterial.

Die Deutsche Bibliothek – CIP-Einheitsaufnahme

Siepe, Werner:
Die besten Konzepte für Ihre Geldanlage in Fonds/ Werner Siepe – 1. Auflage – Bonn: Rentrop, 1993
ISBN 3-8125-0218-6

---

1. Auflage April 1993

Satz: Der Verlagsservice Rita Apfeld, Bonn
Druck: freiburger graphische betriebe, Freiburg
Umschlaggestaltung: Thomas Lutz, Bernkastel-Kues
Lektorat: Günter Apfeld, Bonn
Herstellung: Olaf Schumann, Bonn
Herstellungsleitung: Monika Graf, Bonn

© Copyright by Verlag Norman Rentrop, 5300 Bonn 2

Verlag Norman Rentrop, Theodor-Heuss-Str. 4, 5300 Bonn 2
Tel. 0228/8205-0, Telefax 0228/364411

ISBN 3-8125-0218-6

Inhaltsverzeichnis

Einführung 7

I. Prinzipien: Wann Investmentfonds die bessere Geldanlage sind 9

1. Einfache Handhabung: Fonds kontra Direktanlage 10
2. Verfügbarkeit: Fondssparpläne kontra andere Sparpläne 16
3. Sicherheit: Fondskontrolle kontra freier Kapitalmarkt 21

II. Konzepte: Wie Sie mit Investmentfonds ein Vermögen aufbauen 25

1. Märkte: Fonds-Mix mit dem ABI-Konzept und dem 3-Typen-Mix 26
2. Pläne: Fondsanlage nach dem 3-Stufen-Plan 31
3. Zeiten: Fonds-timing nach dem 3-Phasen-Schema 42

III. Typen: Welche Investmentfonds Sie wählen sollten 47

1. Aktienfonds: für mutige Anleger 48
2. Rentenfonds: für zinsorientierte Anleger 62
3. Offene Immobilienfonds: für vorsichtige Anleger 73
4. Sonderformen: für Spezialisten 82

**IV. Vergleiche: Wieviel Prozent Sie mit Fonds
verdienen können** 95

1. Rendite-Risiko-Profile: Je höher die Rendite,
   desto höher das Risiko 96
2. Meßlatten: Indices, Jahre, Anlageformen 103
3. Hitlisten: Die besten Fonds in der Vergangenheit 109
4. Portraits: fünf Spitzenfonds 129

**V. Adressen: Wo Sie Informationen bekommen
und Ihre Fonds kaufen** 141

1. Informationsanbieter: Die gläsernen Investmentfonds 142
2. Fonds-Quintett: Die fünf Großen in Deutschland 143
3. Andere Fondsgesellschaften und Vermittler im
   In- und Ausland: Die Qual der Wahl 148

**VI. Fonds-Lexikon von A bis Z: Was Sie über Fonds
wissen sollten** – Das kleine ABC der Investmentfonds 163

Literaturverzeichnis 187

Einführung

Kaum jemand wird es bestreiten: Investmentfonds sind die Geldanlage der 90er Jahre. Neuartige Fondsarten wie Geldmarkt-, Laufzeit- und Garantiefonds buhlen um die Gunst der Anleger ebenso wie Dachfonds, Umbrella-Fonds, Fonds-Picking und fondsgebundene Lebensversicherungen. Daneben gibt es eine Fülle von klassischen Aktien-, Renten- und offenen Immobilienfonds. Hinzu kommt, daß immer neue Anbieter, gerade aus dem Ausland, auf den Markt treten.

Angesichts dieser Vielzahl von Fonds und der ständig wachsenden Anzahl von neuen Anbietern und Spielarten sieht der private Anleger oft den Wald vor lauter Bäumen nicht mehr. Er verliert zusehends den Überblick. Hier möchte das vorliegende Buch helfen. Es lädt Sie gleichsam zu einem Waldspaziergang ein und führt Sie über Prinzipien, Konzepte und Fondstypen zu Vergleichen und nützlichen Adressen. Ein kleines Fonds-Lexikon beendet den Streifzug durch das immer größer werdende „Fondsdickicht".

Der private Geldanleger hat jedoch noch ein weiteres Problem. Da Banker zu allererst ihre hauseigenen Fonds empfehlen, schleicht sich wachsendes Unbehagen ein.

Kompetente und wirklich unabhängige Fondsberater muß der Anleger wie die berühmte Stecknadel im Heuhaufen suchen. Es gibt sie in der Regel weder bei den Banken noch bei den freien Vermittlern. Wie gern möchte der mündige Anleger den Spruch beherzigen können: „Zu Risiken und Nebenwirkungen bei Fonds lesen Sie den Verkaufsprospekt oder Sie fragen Ihren Berater."

Information und Beratung müssen aus Sicht des privaten Geldanlegers der eigentlichen Vermittlung vorausgehen. Dies gilt besonders für Investmentfonds. Häufig auftretende Informations- und Beratungslücken soll dieses Buch schließen. Es ist als Hilfe zur Selbsthilfe gedacht, quasi ein Do-it-yourself-Handbuch für den privaten Fondsanleger.

Selbstverständlich darf dies nicht als Kampfansage gegen qualifizierte Vermittler von Investmentfonds mißverstanden werden. Obwohl dieses Buch sich in erster Linie an den privaten Investor richtet, wird auch der eine oder andere Vermittler nützliche Informationen gewinnen.

Als Schriftleiter des im Verlag Norman Rentrop erscheinenden Loseblattwerks „Der Geldanlage-Berater" ist mir der große Informationsbedarf von Anlegern und Beratern zum Thema Investmentfonds bekannt. Mit Fachbeiträgen und halbjährlichen Hitlisten über die Top Ten der deutschen Fonds versucht die Redaktion, Licht in das Dunkel zu bringen.

Karl-Heinz Bilitza und Leo Fischer, Mitautoren beim „Geldanlage-Berater", haben mich tatkräftig bei der Vorstellung der Fondstypen Aktienfonds, Rentenfonds sowie offenen Immobilienfonds in diesem Buch unterstützt. Bankkaufmann Clemens Koch hat das Lexikon von A bis Z über Fonds erstellt. Insofern trägt dieses Buch nicht allein meine Handschrift. Vielmehr ist es als ein Gemeinschaftswerk anzusehen.

Für die umfangreichen Diagramme, Tabellen und Porträts im Kapitel „Vergleiche" schulde ich hier dem BVI (Bundesverband Deutscher Investment-Gesellschaften), dem FCS (Finanz-Computer-Service) und dem F&V Finanzverlag Dank. Dieter Reitz vom FCS und Peter Ludewig vom F&V Finanzverlag haben sich zudem, ebenso wie Christian Steinberg von der Hamburger Trithan-Cato-Gruppe, freundlicherweise bereit erklärt, das Manuskript zu diesem Fondsbuch kritisch zu begutachten.

Bei meinen Gesprächen mit Fondsexperten habe ich nur offene Türen gefunden. Diese Transparenz bei der Geldanlage in Investmentfonds sollte auch Ihnen Mut machen. Schwarze Schafe gibt es auf dem vom Bundesaufsichtsamt für Kreditwesen kontrollierten Markt für Investmentfonds wohl nur selten, ganz im Gegensatz zu den vielen dubiosen Anbietern und Vermittlern auf dem grauen Kapitalmarkt.

Meine ersten Investmenterfahrungen habe ich bereits vor 20 Jahren gesammelt. Wie üblich, habe ich Anteile an Investmentfonds von meiner Hausbank empfohlen bekommen. Seit einigen Jahren wähle ich die für mich geeigneten Fonds jedoch selbst aus.

Jedem Leser wünsche ich, ähnlich gute Erfahrungen mit der Geldanlage in Investmentfonds zu machen wie ich. Wenn die angebotenen Konzepte einen kleinen Beitrag dazu leisten können, würde ich mich freuen.

Werner Siepe

I. Prinzipien

Wann Investmentfonds die bessere Geldanlage sind

Alle wollen nur Ihr Bestes – Ihr Geld. Dabei favorisieren Bankberater und freie Vermittler in letzter Zeit vor allem die Geldanlage in Investmentfonds. Selbstverständlich nur zum Nutzen der Kunden, wie sie eilfertig betonen.

Banker empfehlen zunächst einmal hauseigene Fonds – das ist ihr gutes Recht. Warum sollte Ihre Bank auch Investmentfonds von Konkurrenten anbieten? Außerdem: Kennen Sie einen Banker, der bei rund 500 Fonds von deutschen Gesellschaften noch den Überblick behält?

Zu diesen 500 Inlandsfonds kommen noch einmal ebenso viele Auslandsfonds hinzu. Von der Qual der Wahl unter insgesamt 1.000 Fonds könnte Sie ein freier Anlagevermittler befreien. Er erspart Ihnen den Gang zum Bankschalter und erläutert Ihnen statt dessen zu Hause auf dem Sofa, weshalb ein Aktienfonds auf Dauer die bessere Anlage ist als ein Fonds, der in Anleihen investiert.

Ob der von Banken oder Vermittlern empfohlene Fonds tatsächlich besser abschneidet als andere Fonds oder andere Geldanlagen, wissen Sie erst einige Zeit später. Garantiert zweistellige Zukunftsrenditen kann es bei Fondsanlagen nicht geben.

Investmentfonds sind anders, aber damit nicht automatisch besser als andere Geldanlagen. Einfache Handhabung, jederzeitige Verfügbarkeit und Sicherheit zählen zu ihren Stärken. Dies unterscheidet sie von konkurrierenden Anlageformen.

Bevor Sie Ihr Geld in Fondsanteile investieren, sollten Sie auch die Alternativen kennen. Vergleichen Sie daher die bequeme Fondsanlage mit der Direktanlage in Anleihen, Aktien oder Immobilien. Wollen Sie jederzeit flüssig bleiben, fahren Sie mit Fondssparplänen besser als mit starren Sparplänen von Banken, Bausparkassen und Lebensversicherungen. Gehen Sie in jedem Fall auf Nummer Sicher und kaufen Sie ausschließlich staatlich geprüfte und offene Investmentfonds.

Es gibt Anleger, die sich von Fonds den schnellen Reichtum versprechen. Andere lehnen die Anlage in Fondsanteile grundsätzlich ab. Die richtige Einschätzung von Fonds dürfte in der Mitte liegen. Das heißt: Überschäumende Euphorie und übertriebene Ängstlichkeit sind denkbar schlechte Ratgeber.

1. Einfache Handhabung: Fonds kontra Direktanlage

Das Bild vom „großen Topf" beschreibt am besten das Prinzip der Investmentanlage. In der Tat zahlen viele Anleger mehr oder weniger viel Geld in einen großen Topf ein. Die eingesammelten Gelder werden von den Fondsmanagern für den Großeinkauf von Anleihen, Aktien oder Gewerbeimmobilien verwandt. Dabei setzt der „kleine" Anleger auf eine vernünftige Risikostreuung und auf das Geschick der Profis. Die Fondsmanager übernehmen quasi die Rolle eines Großhändlers.

Anders als im üblichen Großhandel bekommt der Fondskäufer nicht die einzelne Ware, sondern nur Anteilscheine. Er erwirbt praktisch Wertpapiere oder Immobilien „in Scheibchen" und nicht am Stück. Dies ermöglicht es ihm, auch mit kleinen Beträgen einzusteigen und so an großem Vermögen beteiligt zu sein.

Ein weiterer Vorteil: Der Anleger braucht sich, wenn er Anteile an einem Investmentfonds gekauft hat, um nichts weiter zu kümmern. Den Kauf, die Verwaltung und den späteren Verkauf der Anleihen, Aktien oder Immobilien übernimmt das Fondsmanagement. Insofern handelt es sich bei Fondsanteilen aus der Sicht des Geldanlegers um eine pflegeleichte und sehr komfortable Angelegenheit.

Full Service hat jedoch seinen Preis. Ab Anlagebeträgen von 10.000 DM fallen die Kaufgebühren bei der Fondsanlage höher aus als bei der Direktanlage in Anleihen oder Aktien. Wenn Ihr Bankberater mit Hinweis auf die Gebühren vom direkten Kauf von Wertpapieren generell abrät, dann hat er wohl mehr das Interesse der Bank als den Anlegerwunsch im Sinn. Banken drängen die Kleinanleger immer stärker in Fonds, um ihren Beratungsaufwand zu reduzieren. Bei relativ geringen Anlagesummen in nur drei- oder vierstelliger Höhe mag dies noch verständlich sein. Wenig anlegerfreundlich ist jedoch die Meinung von Bankern, wonach eine Direktanlage erst für Geldvermögen ab 100.000 DM Sinn mache. Hier scheint der Wunsch nach Bequemlichkeit in erster Linie auf der Seite der Bank zu liegen.

Direktanlage in Bundesanleihen schlägt deutsche Rentenfonds

Ein einfacher Vergleich zeigt die Überlegenheit einer grundsoliden Bundesanleihe gegenüber deutschen Rentenfonds, die in inländischen Anleihen, Pfandbriefen und Bankschuldverschreibungen anlegen. So warf eine Bundesanleihe mit einem Nennwert von 30.000 DM, einem Kaufkurs von etwas über 82 Prozent und einem Nominalzins von 5,5 Prozent in der Zeit vom 1.10.1990 bis 1.10.1992 zusätzlich zu den laufenden Zinseinnahmen von 3.300 DM noch einen Kursgewinn von 3.290 DM ab. Die jährliche Rendite belief sich vor Kosten auf 12,8 Prozent. Nach Berücksichtigung von 345 DM Kauf- und Verkaufsnebenkosten – 300 DM Bankprovision und 45 DM Maklergebühr – blieb eine Rendite von 12,1 Prozent übrig.

Der beste von immerhin 82 deutschen Rentenfonds – der Condor-Fonds-Union – brachte es im gleichen Zeitraum auf eine Rendite von jährlich 11,2 Prozent vor Kosten und 9,7 Prozent nach Kosten.

Sowohl Bundesanleihen als auch deutsche Rentenfonds wurden in dieser Zeit gleich doppelt begünstigt:
- hohes Zinsniveau mit über 9 Prozent beim Einstieg im Herbst 1990 und
- Kursgewinne infolge des Zinsabstiegs auf nur noch 7,5 Prozent Anfang Oktober 1992

Mit dem Ende der Hochzinsphase sind die Aussichten auf zweistellige Renditen in der nahen Zukunft jedoch dahin.

Als Anleger können Sie daraus zwei Schlußfolgerungen ziehen:
- Deutsche Anleihen kauft man besser direkt, und zwar in Zeiten hoher Zinsen.
- Deutsche Rentenfonds kauft man, wenn überhaupt, in Hochzinsphasen

Was die Manager von deutschen Rentenfonds schaffen, können Sie auch als Direktanleger in Bundesanleihen oder Pfandbriefen mühelos erreichen. Dies gilt vor allem dann, wenn Sie die Kosten berücksichtigen. Beim Kauf und Verkauf von Bundesanleihen fallen zusammen 1,15 Prozent an einmaligen Kauf- und Verkaufsnebenkosten ab. Deutsche Rentenfonds verlangen hingegen einen Ausgabeaufschlag von meist 3 Prozent. Das heißt: Der Ausgabe- oder Kaufpreis der Fondsanteile liegt 3 Prozent über dem Rücknahme- oder Verkaufspreis.

Bundesanleihen können Sie depotgebührenfrei bei der Bundesschuldenverwaltung in Bad Homburg vor der Höhe aufbewahren lassen. Bei Rentenfonds fallen jedoch laufende Gebühren für die Fondsverwaltung und die Depotbank in Höhe von 0,5 bis 0,6 Prozent der jeweiligen Anteilswerte an. Fazit: Die höhere Bequemlichkeit beim Kauf von Rentenfonds wird mit höheren Gebühren und geringerer Rendite nach Kosten bezahlt.

Laufzeit- und Geldmarktfonds erfüllen Sonderwünsche

Laufzeitfonds waren die Anlagerenner der Jahre 1991 und 1992. Im Prinzip handelt es sich dabei um deutsche Rentenfonds, die Inlandsanleihen kaufen. Mit einer Besonderheit: Am Ende der von vornherein begrenzten Laufzeit des Fonds – daher auch der Name „Laufzeitfonds" für diesen speziellen Rentenfonds – erhält der Anleger sein Geld plus Zinsen zurück. Wer also auf einen bestimmten Termin hin spart und relativ sichere Zinsen kassieren möchte, findet in Renten-Laufzeitfonds eine Alternative zu Bundesanleihen oder Pfandbriefen mit festen Rückzahlungsterminen.

Ein Einstieg in einer Hochzinsphase wie 1990 bis 1992 macht Sinn, da die hohen Zinsen gleichsam über die gesamte Laufzeit des Fonds festgeschrieben werden. Die Fondsmanager können daher eine relativ sichere Renditeprognose abgeben. Die Direktanlage in Bundesanleihen werden sie dennoch kaum schlagen können. Mit einer wichtigen Ausnahme: Laufzeitfonds legen die Erträge meist sofort wieder an, so daß der Fondsanleger vom Zinseszinseffekt profitiert. Ein Direktanleger bringt selten die Disziplin auf, die Erträge wieder anzulegen und dabei Papiere mit entsprechender Stückelung und Restlaufzeit zu kaufen.

Geldmarktnahe Fonds oder Geldmarktfonds, die vorwiegend über Luxemburger Tochtergesellschaften deutscher Banken zu deutschen Anlegern gelangen, erlebten im Jahr 1992 einen wahren Boom. Gleich zwei Wünsche konnten mit diesen Rentenfonds erfüllt werden:

- Kassieren von hohen kurzfristigen Zinsen
- Vermeidung der ab 1993 für Anlagen in Deutschland geltenden Zinsabschlagsteuer

Luxemburger Geldmarktfonds sind eine Alternative zu Festgeldern oder Festzinsanleihen mit einer kurzen Restlaufzeit bis zu einem Jahr. Sie eignen sich zum Parken von Geldern, über deren langfristige Anlage erst in einigen Monaten entschieden wird. Je höher die kurzfristigen Zinsen, desto attraktiver wird das vorübergehende Parken von Geld.

In einer Phase niedriger Zinsen lohnt sich die Neuanlage in Laufzeit- oder Geldmarktfonds jedoch nicht. Mit der Zinswende im Herbst 1992 ist die seit Frühjahr 1990 andauernde Hochzinsphase in Deutschland zu Ende gegangen. Dauert der Zinsabstieg an, verlieren Laufzeit- und Geldmarktfonds wieder an Bedeutung. Warum sollte sich der zinsbewußte Fondsanleger ein niedriges Zinsniveau für eine begrenzte Laufzeit oder kurzfristig sichern? In Niedrigzinsphasen gibt es bessere Anlagemöglichkeiten.

Internationale Rentenfonds sind risikoärmer als Direktanlagen in DM-Auslandsanleihen oder Fremdwährungsanleihen

Die Direktanlage in DM-Auslandsanleihen verspricht höhere Renditen als der Kauf von Bundesanleihen. Ein Währungsrisiko besteht nicht, da diese Anleihen in DM notiert und auch in DM zurückgezahlt werden. Ebenso werden die jährlichen Zinsen in DM gezahlt. Damit beginnt aber das Problem: Der Durchschnittsanleger kann kaum beurteilen, ob der ausländische Schuldner auf Dauer zahlungsfähig bleibt.

Die Pleiten von Alan Bond, Polly Peck und Maxwell mahnen zur Vorsicht. DM-Auslandsanleihen der Ungarischen Nationalbank, deren Renditen etwa zwei Prozentpunkte über vergleichbaren Bundesanleihen liegen, sind da schon weitaus sicherer. Ein Restrisiko bleibt jedoch auch hier.

Noch größer sind die Risiken bei Anleihen, die in fremder Währung notieren. Zum üblichen Bonitäts- oder Schuldnerrisiko gesellt sich noch das Währungsrisiko. Die Währungsturbulenzen im Herbst 1992 haben eindrucksvoll gezeigt, wie die Abwertung von Pfund, Lira und

Peseta die entsprechenden Fremdwährungsanleihen mit in den Strudel rissen. Die Währungsverluste machten die Mehreinnahmen aus den im Vergleich zu Deutschland höheren Pfund-, Lira- und Peseta-Zinsen nicht nur zunichte, sondern überstiegen teilweise sogar die gesamten Zinseinnahmen.

Internationale Rentenfonds, die in DM-Auslands- und Fremdwährungsanleihen anlegen, können Bonitäts- und Währungsrisiken naturgemäß ebensowenig ausschalten wie Direktanleger. Sie bieten aber mehr Sicherheit durch Risikostreuung. Zudem können Sie, ähnlich wie ein Direktanleger, auch von guten Nachrichten profitieren, sei es von höheren Auslandszinsen oder von Währungsgewinnen bei steigenden Wechselkursen.

Fazit: Wenn Sie sich die Auswahl unter der Fülle von DM-Auslandsanleihen und Fremdwährungsanleihen nicht zutrauen, aber dennoch die höheren Chancen auf den internationalen Anleihemärkten unter Inkaufnahme der Risiken wahrnehmen möchten, bietet sich der Kauf eines Anteils an einem internationalen Rentenfonds geradezu an.

Aktienfonds als Langfrist-Alternative zur Direktanlage in Aktien

Heiße Aktientips in Börsenbriefen verführen manche Anleger dazu, an das schnelle Geld mit Aktienspekulationen zu glauben. Viele Direktanleger in Aktien haben sich aber gerade in den letzten Jahren „verspekuliert" und bei ihren kurzatmigen Aktionen viel Geld verloren. Die Crashs haben wieder einmal gezeigt, daß die Aktie ein Chance- und Risikopapier ist. Nichts für schwache Nerven und nichts für Spieler, die alles auf eine Karte setzen.

Die Manager von Aktienfonds können ebenfalls keine Wunderdinge vollbringen. Der DAX (Deutscher Aktienindex) wird in der Regel nur von einer Minderheit von deutschen Aktienfonds, die also ihren Anlageschwerpunkt bei inländischen Aktien haben, geschlagen. Hinzu kommt, daß der hohe Ausgabeaufschlag von meist 5 Prozent bei Aktienfonds erst einmal verdient werden muß. Eine kurzfristige Anlagedauer von nur ein paar Monaten oder einem Jahr verbietet sich von selbst.

Als Anleger in Aktienfonds sollten Sie langfristig denken und handeln. Geeignet erscheint ein Anlagezeitraum von mindestens fünf

Jahren, eigentlich sind zehn Jahre oder mehr zu empfehlen. Das kurzfristige Starren auf die Einjahresergebnisse verstellt den Blick für die Chancen und Risiken einer Anlage in Aktienfonds.

Dazu ein Beispiel: Ein Anteil am DIT-Fonds für Vermögensbildung – einem Fonds der Dresdner Bank-Tochter DIT, der vorzugsweise in deutsche Standardaktien investiert – verlor von Ende 1991 bis 1992 knapp 7 Prozent an Wert. Im 5-Jahres-Rückblick, bei einem Einstieg zum 31.12.1987, kam er als bester deutscher Aktienfonds hingegen auf eine durchschnittliche Anleger-Rendite von 11,2 Prozent pro Jahr. Wäre der Fondsanleger jedoch schon Ende September, also noch vor dem großen Börsencrash am 19. Oktober 1987, eingestiegen, hätte er es nur auf eine durchschnittliche Jahresrendite von 5,6 Prozent gebracht.

Daraus können Sie zwei Folgerungen ziehen. Je länger Sie Ihre Anteile halten, desto besser rentiert in der Regel ein Aktienfonds. Und zweitens: Auf den richtigen Zeitpunkt beim Ein- und Ausstieg kommt es bei Aktienfonds genauso an wie bei der Direktanlage in Aktien. Mit der Anlageregel „Im Tief kaufen, lange halten, im Hoch verkaufen" fahren Sie bei Aktienfonds am besten. Das Problem hierbei: Erst im nachhinein können Sie die Hochs und die Tiefs genau erkennen. Bekanntlich kann man hinterher leicht alles besser wissen.

Offene Immobilienfonds bieten Grundbesitz in der Brieftasche

Der lukrative Bereich der Gewerbeimmobilien in Deutschland bleibt dem Direktanleger angesichts der hohen Investitionssummen weitgehend verschlossen. Als Fondsanleger können Sie dennoch an den Miet- und Wertsteigerungen für Bürogebäude und Supermärkte teilhaben. Sie haben die Wahl zwischen Anteilen an offenen Immobilienfonds, die Sie jederzeit kaufen und verkaufen können, und sogenannten geschlossenen Immobilienfonds, die nach Einzahlung des notwendigen Kapitals geschlossen werden. Die Mindestzeichnungssumme für den einzelnen Anleger bei geschlossenen Immobilienfonds beträgt 20.000 DM und mehr, und so handelt es sich bei den Zeichnern dieser Fonds im wahrsten Sinne des Wortes um eine geschlossene Gesellschaft von meist hochbesteuerten Anlegern. Kleinanlegern mit wenig Geld bleibt diese Anlagemöglichkeit praktisch verwehrt.

Anleger mit geringerem Kapital können bei offenen Immobilienfonds jedoch schon mit 100 DM pro Anteil dabeisein. Auch vorsichtige Anleger mit großen Anlagebeträgen schätzen diese Anlageform, da die Wertentwicklung der offenen Immobilienfonds stetig nach oben gerichtet ist. Diese relativ sichere Wertsteigerung der Anteile wird jedoch mit Anleger-Renditen von nur 6 bis 7 Prozent für Anlagezeiträume von zehn bis zwanzig Jahren erkauft. Ähnlich wie bei Aktienfonds schmälert der recht hohe Ausgabeaufschlag von 5 Prozent gerade bei kurzer Anlagedauer die echte Rendite für den Fondsanleger. Sie sollten sich daher von zweistelligen Wertzuwächsen für ein gerade zurückgelegtes Jahr nicht blenden lassen. Offene Immobilienfonds sollten, ebenso wie Aktienfonds, immer als eine Langfristanlage betrachtet werden.

Während Sie gewerblichen Grundbesitz bequem über Anteile an offenen Immobilienfonds indirekt erwerben können, scheidet die Fondsanlage bei vermieteten Wohnimmobilien praktisch aus. Bei Mietwohnhäusern und vermieteten Eigentumswohnungen dominiert die Direktanlage. Sowohl offene als auch geschlossene Immobilienfonds halten sich vom Mietwohnungsmarkt weitgehend fern.

Fazit: Bei Gewerbeimmobilien ist die Fondsanlage der Direktanlage vorzuziehen, da in aller Regel Geld und Zeit für den Kauf eines gewerblich genutzten Mietobjekts fehlen. Mit Anteilen an offenen Immobilienfonds besitzen Sie hingegen gewerblichen Grundbesitz in der Brieftasche. Diese scheibchenweise erworbenen Anteile an Gewerbeimmobilien eröffnen Ihnen eine bequeme Teilnahme an diesem Spezialmarkt.

2. Verfügbarkeit: Fondssparpläne kontra andere Sparpläne

Kleinvieh macht auch Mist. Wenn Sie Monat für Monat jeweils 100 DM sparen und dies zehn Jahre lang durchhalten, kommen Sie bei einer durchschnittlichen Jahresrendite von 7 Prozent auf 17.200 DM Endkapital. „Mühsam ernährt sich das Eichhörnchen", werden Sie vielleicht jetzt sagen. In der Tat: Sparpläne mit regelmäßigen Einzahlungen funktionieren nach der Eichhörnchen-Methode. Viele kleine Beträge sollen eine möglichst große Endsumme ergeben. Wenn die erwirtschafteten Erträge gleich wieder angelegt werden, profitieren Sie vom Zinseszinseffekt.

Sparpläne bei Banken, Bausparkassen und Lebensversicherungen weisen jedoch einen entscheidenden Nachteil auf. Halten Sie die vorgesehene Sparplandauer nicht durch, schneiden Sie relativ schlecht ab. Ihr Bonus geht Ihnen beim Banksparen verloren, Sie müssen eventuell Wohnungsbauprämie und Arbeitnehmersparzulage beim Bausparen zurückzahlen, oder Sie müssen sich bei der Kündigung Ihrer Kapital-Lebensversicherung mit mageren Rückkaufswerten begnügen. Sie werden für die vorzeitige Inspruchnahme Ihres Geldes also bestraft.

Diesen Nachteil können Sie bei Sparplänen mit Investmentfonds vermeiden. Einerlei, ob diese Regel- oder Daueranlage nun Aufbau-, Zuwachs-, Einzahlungs- oder Sparplan genannt wird: Sie können jederzeit aussteigen und damit immer über Ihr eingezahltes Geld einschließlich der aufgelaufenen Erträge verfügen. Diese leichte Verfügbarkeit macht Fonds-Sparpläne besonders attraktiv.

Mit der regelmäßigen Anlage in Bundesschatzbriefen vom Typ B schränken Sie die Verfügbarkeit über Ihr Geld nur jeweils für ein Jahr ein. Der Schatzbriefsparer, der von Ende 1982 bis Ende 1992 regelmäßig 100 DM im Monat auf diese Art und Weise anlegte, konnte sich über ein Endkapital von knapp über 17.000 DM und eine durchschnittliche Rendite von fast 7 Prozent freuen. Dennoch hat dieses Schatzbriefsparen einen praktischen Nachteil. Sie müssen Ihrer Bank jeden Monat aufs neue einen Kaufauftrag erteilen. Dies ist nicht nur unbequem für Sie, sondern auch für Ihren Banker.

Obwohl Sie Bundesschatzbriefe vom Typ B ab 100 DM Nennwert erwerben können, wird Ihr Bankberater Ihnen dies auszureden versuchen. Es gehören somit viel Durchsetzungsvermögen und Disziplin dazu, einen Sparplan mit Schatzbriefen in der Praxis tatsächlich durchzuführen.

Bewegliche Sparpläne mit Rentenfonds und offenen Immobilienfonds kontra starre Bank- und Bausparpläne

Banken locken den Kleinsparer, der regelmäßig, meist monatlich, etwas einzahlen möchte, mit speziellen Banksparplänen. Beim Bonussparen zahlen Sie beispielsweise sechs Jahre lang monatlich 100 DM ein. Lassen Sie Ihr Sparguthaben, das meist nur mit kargem Minimalzins von 3 Prozent verzinst wird, dann noch ein Jahr stehen, erhalten Sie am Ende des siebten Jahres einen Bonus von zum Beispiel 14 Prozent. Ihr Endkapital beläuft sich bei diesem Ratensparvertrag auf 9.132 DM, die Rendite beträgt knapp 6 Prozent.

Diese Sparform hat einen entscheidenden Nachteil: Wollen Sie über Ihr Geld vor Ablauf von sieben Jahren verfügen, geht Ihnen der Schlußbonus verloren. Sie müssen sich dann mit dem Mini-Guthabenzins von 3 Prozent begnügen. Sie erkaufen sich also den Bonus und die dadurch auf 6 Prozent steigende Rendite durch eine geringere finanzielle Beweglichkeit.

Ähnliches gilt für Bausparer, die wegen Unterschreitens der Einkommensgrenze von 27.000/54.000 DM im Jahr (Ledige/Verheiratete) Anspruch auf eine Wohnungsbauprämie haben und dafür eine siebenjährige Bindungsfrist in Kauf nehmen. Bei laufenden Guthabenzinsen von 3 Prozent und einmaliger Wohnungsbauprämie von 10 Prozent auf die Bausparbeiträge kommt man auf eine Rendite von höchstens 5 Prozent, sofern die einmalige Abschlußgebühr und die laufenden Kontoführungsgebühren berücksichtigt werden. Die Rendite erhöht sich auf etwa 6 Prozent für prämienberechtigte Bausparer, sofern das Bausparguthaben mit 4 oder 4,5 Prozent verzinst wird. Entsprechend höher fällt aber auch der Darlehenszins für das eventuell aufzunehmende Bauspardarlehen aus. Der reine Rendite-Bausparer, der nicht bauen will, wird kaum besser abschneiden als der Bonussparer bei der Bank.

Bei Sparplänen mit offenen Immobilienfonds werden Sie weder mit Bonuszahlungen noch mit Wohnungsbauprämien belohnt. Sie können aber Ihre regelmäßige Sparrate jederzeit stoppen oder über Ihr angelegtes Geld verfügen. Allerdings gilt auch hier der Grundsatz: Je länger Sie sich binden, desto höher fällt die erzielbare Rendite aus. Dies liegt am relativ hohen Ausgabeaufschlag von meist 5 Prozent, der bei langer Anlagedauer weniger ins Gewicht fällt als bei kurzfristigen Sparplänen.

Im Zehn-Jahres-Zeitraum von Ende 1981 bis Ende 1991 lagen die Anleger-Renditen bei Sparplänen mit offenen Immobilienfonds zwischen 5,1 und 6,3 Prozent. Dies ist kaum mehr als beim Bonussparen bei der Bank oder beim prämienbegünstigten Bausparen. Dafür sind Sie aber beweglicher. Falls Sie Kapitalerträge wegen Überschreitens der ab 1993 geltenden Freistellungsbeträge von 6.100 DM für Ledige und 12.200 DM für Verheiratete voll versteuern müssen, stehen Sie sich mit Anteilen an offenen Immobilienfonds auf jeden Fall besser als beim Bank- und Bausparen. Der Grund: Etwa die Hälfte der Fondserträge fließt Ihnen steuerfrei zu, was den Abschreibungen und Wertsteigerungen bei Immobilien zu verdanken ist.

Daueranleger in Rentenfonds müssen auf diesen Steuervorteil verzichten, da die Erträge zum allergrößten Teil auf steuerpflichtige Zinseinnahmen entfallen. Internationale Rentenfonds warfen in der Vergangenheit bei einer Anlagedauer von zehn Jahren zwischen 6 und 7,7 Prozent an Rendite ab, wobei wieder der Zeitraum vom Ende 1981 bis 1991 zugrunde gelegt wird. Sie konnten damit Bank- und Bausparpläne sowie Sparpläne mit offenen Immobilienfonds fast immer schlagen.

Sparpläne mit deutschen Rentenfonds brachten es im gleichen Zeitraum nur auf 4,2 bis 6,3 Prozent Rendite. Besondere Vorteile, außer der leichteren Verfügbarkeit, weisen sie gegenüber Sparplänen mit Banken und Bausparkassen somit nicht auf.

Attraktive Sparpläne mit Aktienfonds kontra Kapital-Lebensversicherung

Eine vermögenswirksame Anlage in Aktienfonds zahlt sich vor allem für Arbeitnehmer aus, deren zu versteuerndes Jahreseinkommen unter 27.000/54.000 DM (Ledige/Verheiratete) liegt. Bei einer monatlichen Einzahlung von 78 DM über sechs Jahre und nach einer Wartefrist von einem Jahr kam im Durchschnitt aller möglichen Sieben-Jahres-Zeiträume von 1962 bis 1991 ein Endkapital von 7.769 DM heraus. Dies entspricht, unter Berücksichtigung der 20prozentigen Arbeitnehmersparzulage, einer durchschnittlichen Rendite von 13,8 Prozent pro Jahr. Allerdings müssen Sie die siebenjährige Bindungsfrist einhalten.

Bei Sparplänen mit deutschen Aktienfonds ohne Bindung an das 936-DM-Gesetz waren im Zehn-Jahres-Zeitraum von Ende 1981 bis 1991 Renditen zwischen 6 und 12,1 Prozent möglich. Aus monatlich eingezahlten 100 DM über zehn Jahre wurde ein Endkapital zwischen 16.337 DM und 22.548 DM, wie den Berechnungen des BVI (Bundesverband Deutscher Investment-Gesellschaften) zu entnehmen ist.

Im Vergleich zu klassischen Kapital-Lebensversicherungen weisen Aktienfonds-Sparpläne gleich zwei Vorteile auf. Die Anlagedauer ist nicht von vornherein festgelegt, und die Rendite lag in der Vergangenheit meist weit über der Ablaufrendite von nur 5 bis 6 Prozent bei

Kapital-Lebensversicherungen mit mindestens zwölf Jahren Laufzeit. Die höhere Vergangenheitsrendite bei Aktienfonds wird jedoch mit einem höheren Risiko erkauft.

Ein Zwitter zwischen reinen Aktienfonds und klassischen Kapital-Lebensversicherungen stellt die fondsgebundene Lebensversicherung dar, auch Fondspolice genannt. Hierbei werden die Sparanteile für eine Anlage in Investmentfonds verwandt, wobei fast immer Aktienfonds favorisiert werden. Ein relativ geringer Teil des Versicherungsbeitrags dient zur finanziellen Absicherung der Hinterbliebenen im Falle des Todes des Versicherten, ein anderer Teil deckt die Vertriebs- und Verwaltungskosten ab.

Die Rendite der Fondspolice fällt im Vergleich zu reinen Aktienfonds naturgemäß geringer aus, da nicht der ganze Monatsbetrag in die Fondsanlage investiert wird. Bei mindestens zwölfjähriger Laufzeit der Fondspolice sind jedoch die erwirtschafteten Erträge steuerfrei, während bei reinen Aktienfonds anteilige Dividendeneinnahmen zumindest nach Überschreiten des Freistellungsbetrages von 6.100/12.200 DM (Ledige/Verheiratete) steuerpflichtig sind. Da schätzungsweise 80 Prozent der Anleger mit ihren jährlichen Kapitalerträgen unter diesem recht hohen Freistellungsbetrag bleiben, verliert der ohnehin schon geringe Steuervorteil der Fondspolice noch mehr an Gewicht.

Umgekehrt gilt: Hochbesteuerte Daueranleger, die eine zusätzliche Risikoabsicherung für den Todesfall suchen und eine mindestens zwölfjährige Laufzeit nicht scheuen, fahren mit einer fondsgebundenen Lebensversicherung in aller Regel besser als mit einer klassischen Kapital-Lebensversicherung. Die selbstgestrickte Kombination Aktienfonds-Sparplan/Risiko-Lebensversicherung bietet zwar mehr Beweglichkeit, da Sie über die im Aktienfonds angelegten Gelder jederzeit verfügen können. Hohe Ausgabeaufschläge von 5 Prozent und ein kurzfristiger Ausstieg nach einem Crash können aber auch zu Verlusten bei Sparplänen mit Aktienfonds führen. Die Regel „Je länger, desto besser" gilt besonders für die Daueranlage in Aktienfonds. Die sofortige Verfügbarkeit über Ihre Fondsanteile sollten Sie daher nicht überbewerten.

Sparpläne mit Aktienfonds sind nur dann renditestark, wenn Sie möglichst lange durchhalten und nicht ausgerechnet in Zeiten stark gesunkener Aktienkurse aussteigen müssen. Ausdauer und Geduld wiegen daher stärker als kurzfristige Verfügbarkeit des Kapitals. Von der Möglichkeit, Ihren Sparplan mit Aktienfonds zu beenden und das

Endkapital zu kassieren, profitieren Sie dann am meisten, wenn Sie sich nicht unter Zeitdruck setzen lassen. Der Ausstieg zum richtigen Zeitpunkt entscheidet über den Erfolg Ihrer Daueranlage mit Aktienfonds viel eher als die regelmäßige Einzahlung von monatlichen Sparbeträgen.

3. Sicherheit: Fondskontrolle kontra freier Kapitalmarkt

Nackte Geldgier zählt zu den Hauptmotiven von leichtgläubigen Anlegern, die immer wieder auf hohe Renditeversprechen hereinfallen. Der eherne Anlagegrundsatz „Je höher die Rendite, desto höher das Risiko" wird in der trügerischen Hoffnung auf hohe Gewinne einfach über Bord geworfen.

Man mag über die in der Vergangenheit erzielten Ergebnisse der Investmentfonds manchmal enttäuscht sein. Dies ändert aber nichts an der Tatsache, daß vom Bundesaufsichtsamt für das Kreditwesen kontrollierte Fonds in puncto Sicherheit allen Angeboten auf dem freien Kapitalmarkt weit überlegen sind. Bei offenen Immobilien-, Renten- und Aktienfonds wandert Ihr Geld in Sondervermögen, die nicht veruntreut werden können.

Deutsche Investmentgesellschaften sind fast ausnahmslos Töchter deutscher Banken und Sparkassen. Dies gilt auch für die Luxemburger Fonds, die dem BVI angeschlossen sind. Die enge Bindung an das deutsche Bankensystem und die freiwillig vom BVI jeden Monat veröffentlichten Wertentwicklungszahlen sorgen für Konkurrenz und Transparenz auf dem deutschen Fondsmarkt.

Ausgabe- und Rücknahmepreise für Investmentfonds werden börsentäglich notiert und in überregionalen Tageszeitungen veröffentlicht. Als Fondsanleger können Sie sicher sein, Ihre Anteile jederzeit wieder zum Rücknahmepreis loszuwerden. Neue Fondsanteile können Sie problemlos zu aktuellen Ausgabepreisen erwerben – mit Ausnahme von Laufzeitfonds, bei denen die Zeichnungsfrist abgelaufen ist.

Staatliche Kontrolle, Anbindung an deutsche Banken und börsentägliche Preisermittlung garantieren somit ein Höchstmaß an Sicherheit für Ihr eingesetztes Kapital. Dennoch kann es selbstverständlich passieren, daß bei rückläufigen Aktien- oder Anleihekursen auch Ihr Anteilswert sinkt.

Auf dem freien, also nicht staatlich kontrollierten Kapitalmarkt werden zwar auch Fonds angeboten. Im Gegensatz zu den offenen Investmentfonds werden diese Beteiligungs- oder Immobilienfonds nach Zeichnung des erforderlichen Kapitals geschlossen. Anteile an geschlossenen Fonds des freien Kapitalmarkts werden nicht an der Börse gehandelt. Da eine laufende Preisnotierung fehlt, ist ein Weiterverkauf dieser Fondsanteile erschwert.

Offene Aktienfonds kontra geschlossene Beteiligungsfonds

Seit eh und je kommen auf dem freien Kapitalmarkt 936-DM-Fonds vor. Die Anbieter haben sich zuletzt auf spezielle Beteiligungsfonds spezialisiert. Dabei beteiligt sich der Anleger, oft ohne es zu wissen oder zu verstehen, an meist jungen Unternehmen. Unternehmerische Beteiligungen weisen neben Chancen jedoch auch besonders hohe Risiken auf. Ein Totalverlust ist grundsätzlich nicht auszuschließen.

Besonders in Mode gekommen sind sogenannte atypisch stille Beteiligungen, die in Form von Einmaleinlagen oder Rateneinlagen getätigt werden können. Dabei wird der Anleger wie ein Mitunternehmer behandelt, der im steuerlichen Sinne Einkünfte aus Gewerbebetrieb erzielt. In den Anfangsjahren fallen diese Einkünfte durchweg negativ aus, da im Unternehmen zunächst hohe Anlaufverluste entstehen. Da der atypisch still Beteiligte an diesen Verlusten beteiligt wird, kann er die Verlustzuweisungen steuerlich absetzen und damit Steuern sparen. Ob sich jedoch außer diesen anfänglichen Steuerersparnissen später auch hohe Renditen einstellen, steht und fällt mit der Entwicklung des Unternehmens.

Wenn Sie mit Ihrer Fondsanlage Risiken streuen wollen, sollten Sie die Hände von geschlossenen Beteiligungsfonds lassen. Sie erhöhen bei diesen Unternehmensbeteiligungen Ihr Risiko ganz erheblich, wenn Sie über die Anlage Ihrer Gelder im Unklaren gelassen werden. Oft sind diese Fonds nichts anderes als „blind pools", bei denen zum Zeitpunkt der Einzahlung der Einlagen noch nicht feststeht, für welches konkrete Vorhaben das Geld verwendet wird.

Staatlich überwachte Aktienfonds sind dubiosen „blind pools" immer vorzuziehen. Kontrolle, Risikostreuung und professionelles Fondsmanagement sind die entscheidenden Pluspunkte bei Aktienfonds. Hingegen besteht bei Beteiligungsfonds am freien Kapitalmarkt die große Gefahr, daß Sie in die Hände inkompetenter oder sogar unseriöser Anbieter geraten. Nicht zu Unrecht wird der freie oder kleine Kapitalmarkt als auch „grauer Kapitalmarkt" bezeichnet.

Offene Immobilienfonds kontra geschlossene Immobilienfonds und andere Steuersparmodelle mit Immobilien

Bei geschlossenen Immobilienfonds befinden Sie sich im wahrsten Sinne des Wortes in geschlossener Gesellschaft. Sie können Ihre Anteile an Gewerbeimmobilien nicht, wie bei offenen Immobilienfonds, jederzeit veräußern. Falls der geschlossene Immobilienfonds bereits plaziert ist, können Sie auch nicht mehr einsteigen.

Momentan wird der freie Kapitalmarkt mit geschlossenen Fonds für Ost-Immobilien geradezu überschwemmt. Sicherlich: Die hohe Sonderabschreibung von 50 Prozent der Gebäudekosten in den ersten fünf Jahren reizt viele Anleger, noch bis Ende 1996 in Bürogebäude oder Einkaufszentren im Osten Deutschlands zu investieren. Vergleichbar hohe Steuervorteile können offene Immobilienfonds nicht bieten.

Oft wird bei der Steuerspar-Euphorie der alte Grundsatz vergessen, „nicht nur nach Steuern zu steuern". Eine Immobilie muß sich zunächst über die nachhaltig erzielbaren Mieteinnahmen rentieren. Erst wenn die Mietrendite bei mindestens vier Prozent für neugebaute Mietobjekte liegt, sollte der Einstieg gewagt werden.

Bei vermieteten Neubau-Eigentumswohnungen setzen viele Anbieter auf das Bauträgermodell. Dabei machen alle Beteiligten auf der Angebotsseite einen guten Schnitt, da sie sich den „Full-Service" vom Anleger fürstlich bezahlen lassen. Als Anleger werden Sie vermutlich erst später feststellen, daß Sie eine völlig überteuerte Wohnimmobilie erworben haben. Die hohen Steuerersparnisse können über die Mini-Mietrendite von unter vier Prozent nicht hinwegtrösten. Auch die in Aussicht gestellte Wertsteigerung steht meist nur auf dem Papier. Es gilt die Regel: Je teurer der Einstieg, desto länger müssen Sie auf einen Ausstieg mit Gewinn warten. Wenn der Neubau-Kaufpreis beispielsweise 40 Prozent über vergleichbaren Marktpreisen liegt, schneiden Sie selbst bei jährlich drei Prozent Miet- und Wertsteigerung nach zehn Jahren noch mit Verlust ab.

Noch uninteressanter sind gebrauchte Eigentumswohnungen, die nach dem Erwerbermodell erworben werden. Meist handelt es sich dabei um ehemalige Mietwohnungen, die nun in Eigentumswohnungen umgewandelt wurden. Auch hier sind die Karten klar gemischt: Der Umwandler oder Initiator des Erwerbermodells steht auf der Gewinnerseite, da er preisgünstig einkauft und teuer verkauft. Als Anleger können Sie bei diesem Geschäft nur verlieren.

Geschlossene Immobilienfonds sowie Bauträger- und Erwerbermodelle sind den offenen Immobilienfonds, was die laufende Rendite angeht, klar unterlegen. Die höheren Steuerersparnisse bei Angeboten auf dem freien Kapitalmarkt gleichen die Renditenachteile meist nicht aus. Mit Anteilen an offenen Immobilienfonds gehen Sie hingegen auf Nummer Sicher. Als Preis für diese Sicherheit müssen Sie allerdings eher unterdurchschnittliche Anleger-Renditen von nur 6 Prozent pro Jahr akzeptieren.

Statt ein überteuertes Steuersparmodell zu zeichnen, sollten Sie daher Anteile an offenen Immobilienfonds kaufen oder preisgünstige Neu- oder Altbauten direkt erwerben.

II. Konzepte

Wie Sie mit Investmentfonds ein Vermögen aufbauen

Sie können Investmentfonds genausogut zum Aufbau Ihres Vermögens nutzen wie Direktanlagen, Bank- und Bausparpläne oder geschlossene Beteiligungs- und Immobilienfonds vom freien Kapitalmarkt. Sind Sie von den drei Vorzügen der offenen Fonds – einfache Handhabung, Verfügbarkeit, Sicherheit – überzeugt, müssen Sie nun über den richtigen Einsatz entscheiden.

Auf welche Märkte – Aktien-, Anleihen- oder Immobilienmarkt – wollen Sie setzen? Planen Sie eine Einmalanlage oder bevorzugen Sie einen Sparplan? Wann wollen Sie einsteigen, wie lange wollen Sie anlegen, und wann soll der Ausstieg erfolgen?

Ein geeignetes Fondskonzept muß diese drei Grundfragen beantworten. Die richtige Streuung, die vernünftige Finanzplanung und das richtige Timing sind dabei Mittel, um einen optimalen Vermögensaufbau zu erreichen.

In diesem Kapitel möchte ich Sie daher gleich mit drei Fondskonzepten vertraut machen, um etwas mehr Licht in das Fondsdickicht zu bringen. Es geht nicht um den besten Fonds, sondern um den für Sie geeigneten Fonds-Mix. Die Entscheidung müssen Sie selbstverständlich immer selbst treffen. Ich möchte auch nur Entscheidungshilfen geben, die vor allem auf eigenen Erfahrungen als Fondsanleger beruhen.

Dazu bediene ich mich der 3x3-Methode, die ich auf die Geldanlage in Fonds anwende. 3x3-Methode heißt sie, weil jeweils 3 Grundfragen zu 3 Teilfragen mit den entsprechenden Antworten führen. Hier die Konzepte im Überblick:

- 1. Märkte: Streuung und ABI-Konzept mit 3-Typen-Fonds
- 2. Pläne: Finanzplanung und EDA-Konzept mit 3-Stufen-Plan
- 3. Zeiten: Timing und EVA-Konzept mit 3-Phasen-Schema

Der Vermögensaufbau mit Fonds muß nicht allein, wie bisher oft angenommen wurde, dem Kleinanleger vorbehalten bleiben. Auch Anleger mit großem Vermögen brauchen auf die Dienste der Fondsmanager nicht zu verzichten. Vermutlich hängt es weniger von der Höhe des Anlagebetrages, sondern eher von der Persönlichkeit des Anlegers ab, ob er Fonds zum Aufbau seines Vermögens nutzt.

1. Märkte: Fonds-Mix mit dem ABI-Konzept und dem 3-Typen-Fonds

Sind Sie ein konservativer oder ein spekulativer Anleger? Ganz abgesehen davon, daß Umschreibungen wie „konservativ" oder „spekulativ" oft in einem abwertenden Sinne verwendet werden, erscheint mir eine Entweder-oder-Zweiteilung der Anlegertypen nicht mehr zeitgemäß.

Drei Anlegertypen: vorsichtige, aufgeschlossene und mutige Anleger

In der folgenden Anlagepyramide können Sie von einer Dreiteilung ausgehen:

- mutiger Anleger (Typ "Spekulant")
- aufgeschlossener Anleger (Mischtyp)
- vorsichtiger Anleger (Typ "Sparer")

Nehmen wir die drei Anlegertypen einmal genauer unter die Lupe.

Der vorsichtige Anleger (Typ „Sparer")
- ist risikoscheu und eher konservativ
- bevorzugt sichere Geldanlagen mit meist mäßiger Rendite

Der aufgeschlossene Anleger (Mischtyp)
- geht risikobegrenzend und flexibel vor
- setzt auf renditestarke, aber relativ sichere Geldanlagen

Der mutige Anleger (Typ „Spekulant")
- ist risikofreudig und eher spekulativ
- bevorzugt hochrentierliche und weniger sichere Geldanlagen

Zu welchem Anlegertyp zählen Sie sich eher? Sind Sie vorsichtig, aufgeschlossen oder mutig? Vielleicht stellen Sie sich auch als Mischtyp aller drei Charaktere dar. In Wirklichkeit stellen die genannten Anlegertypen nur Spielarten des bekannten Spannungsverhältnisses von Rendite und Risiko dar, das eben auch in der Person des einzelnen Anlegers wiederzufinden ist. Ob Sie sich als vorsichtiger, aufgeschlossener oder mutiger Anleger bezeichnen, hängt sicherlich auch von Ihrem Alter sowie Ihren Einkommens- und Vermögensverhältnissen ab. Jüngere Anleger sind meist risikofreudiger als ältere. Anleger mit hohem Einkommen und Vermögen können höhere Risiken eingehen als Anleger mit kleinem Geldbeutel.

Drei Kernanlagen: Aktien, Anleihen und Immobilien

Die wohl wichtigste Anlageregel lautet: „Leg nicht alle Eier in einen Korb" oder „Setz nicht alles auf eine Karte". Diese Regel soll Sie dazu bewegen, Ihr Vermögen zu streuen und Ihre Geldanlagen so zu mischen, daß Ihr Risiko minimiert wird.

Faustregeln zur Anlagemischung gehen üblicherweise von einer Drittelung des Vermögens aus. Schon der legendäre Baron Rothschild empfahl die Aufteilung: ein Drittel Aktien, ein Drittel Anleihen, ein Drittel flüssige Mittel. Eine starre Drittelung macht jedoch heute wenig Sinn, denn sie berücksichtigt weder die Höhe des anzulegenden Vermögens noch den persönlichen Anlegertyp. Wie soll beispielsweise ein Kleinanleger sein bescheidenes Vermögen von 10.000 DM noch dritteln? Und warum soll ein Großanleger mit einer Million Vermögen ein Drittel in flüssigen Mitteln halten?

Besser ist es, beim stufenweisen Aufbau des Vermögens drei Kernanlagen zu berücksichtigen. Es sind dies:

A Aktien und Aktienfonds

B Bonds als Anleihen oder Rentenfonds

I Immobilien als Mietobjekte oder Immobilienfonds

Wenn Sie nach diesem ABI-Konzept – A wie Aktien, B wie Bonds/Anleihen/Renten, I wie Immobilien – vorgehen, setzen Sie gleichzeitig auf die wichtigsten Märkte: Aktien-, Anleihe- und Immobilienmarkt. Eine genaue Drittelung – ein Drittel Aktien, ein Drittel Anleihen, ein Drittel Immobilien – muß mit dieser Konzentration auf drei Kernanlagen und drei Hauptmärkte selbstverständlich nicht verbunden sein.

Drei Fondstypen: Aktien-, Renten- und Immobilienfonds

Wenn Sie den Aktien-, Anleihe- oder Immobilienmarkt nicht genügend kennen oder nur geringe Anlagebeträge besitzen, können Sie das ABI-Konzept sehr gut für den Vermögensaufbau mit Investmentfonds nutzen. Dabei schälen sich dann drei Fondstypen heraus:

A Aktienfonds mit Anlageschwerpunkt Deutschland oder Ausland

B Rentenfonds mit Anlageschwerpunkt Ausland oder spezielle Geldmarkt- und Laufzeitfonds mit Anlageschwerpunkt Deutschland in Hochzinsphasen

I offene Immobilienfonds

Besonders attraktiv erscheint die Mischung von renditestarken Aktienfonds, deren Kurse allerdings stark schwanken, und sicheren offenen Immobilienfonds, die mit eher bescheidenen Anleger-Renditen aufwarten. Treten dann noch internationale Rentenfonds hinzu, ist eine Risikostreuung nach dem 3-Typen-Fonds perfekt.

Dabei gibt es drei typische Rendite-Risiko-Profile:

A Aktienfonds: hohe Rendite bei hohem Risiko

B Rentenfonds: mittlere Rendite bei geringem Risiko

I offene Immobilienfonds: relativ geringe Rendite bei minimalem Risiko

Das Schaubild über die jährliche Wertentwicklung und Schwankungsbreite im 10-Jahres-Zeitraum von 1981 bis 1991 zeigt deutlich die Rendite-Risiko-Profile der Investmentfonds. Danach steigt die Rendite mit steigendem Risiko ebenso wie die Rendite mit sinkendem Risiko abnimmt. Eine Geldanlage in 3-Typen-Fonds mit einer Mischung aus deutschen Aktienfonds, internationalen Rentenfonds und offenen Immobilienfonds stellt somit ein ideales Rendite-Risiko-Mix dar. Je nach Risikobereitschaft können Sie dann das Schwergewicht mehr auf renditestarke, aber risikoreiche deutsche Aktienfonds oder auf renditeschwache, aber sichere offene Immobilienfonds legen.

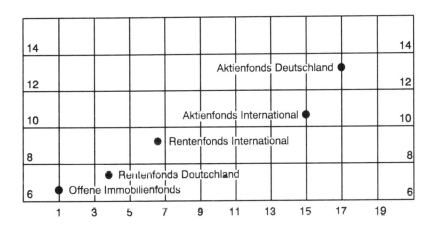

Es gibt also einen Zusammenhang zwischen Anleger- und Fondstypen. Überspitzt gesagt: Vorsichtige Anleger wählen offene Immobilienfonds, mutige Anleger investieren in Aktienfonds. Wer als aufgeschlossener Fondsanleger Hochzinsphasen und Währungschancen nutzen will, setzt zusätzlich auf Geldmarkt- oder Laufzeitfonds bei hohem Zinsniveau und auf internationale Rentenfonds mit starken Auslandswährungen.

Wenn Sie Ihre Geldanlagen allein mit Investmentfonds streuen wollen, empfiehlt sich sowohl eine Mischung aus Aktien-, Renten- und offenen Immobilienfonds als auch aus deutschen und internationalen Fonds. Damit haben Sie gleich zwei Fliegen mit einer Klappe geschlagen: Streuung nach Anlageformen und Streuung nach Anlageländern.

4-3-2-1-Regel als sinnvolles Mischungsverhältnis

Die meisten Anleger investieren nur einen kleinen Teil ihres Vermögens in Investmentfonds. Für den größeren Teil bevorzugen sie Direktanlagen in Aktien, Anleihen oder Immobilien. Eine ideale Anlagemischung gibt es sicherlich nicht. Ob eine empfohlene Mischung richtig war, stellt sich zudem immer erst Jahre später heraus.

Dennoch könnte das Mischungsverhältnis nach der 4-3-2-1-Regel für frei verfügbare Vermögen ab 100.000 DM, also ohne Berücksichtigung eines eventuell vorhandenen Eigenheims, sinnvoll sein. Dabei entfallen 4 Teile auf Zinspapiere, 3 Teile auf Aktien und spekulative Börsengeschäfte, 2 Teile auf Immobilien und 1 Teil auf flüssige Mittel.

Die 4-3-2-1-Regel

40 % Zinsanlagen	(Anleihen, Rentenfonds, Kapital-Lebensversicherung, Banksparen, Bausparen)
30 % Aktien/Spekulation	(Aktien, Aktienfonds, Optionsscheine, Termingeschäfte)
20 % Immobilien	(Eigenkapital für vermietete Eigentumswohnungen und Mietwohnhäuser, geschlossene Immobilienfonds, offene Immobilienfonds)
10 % liquide Anlagen	(Tagesgelder, Festgelder, Geldmarktfonds)

Über diese 4-3-2-1-Regel läßt sich naturgemäß trefflich streiten. Sie soll auch nur eine grobe Richtschnur für mittlere und große Vermögen sein. Der ewige Streit, ob nun Geldwerte besser sind als Sachwerte oder umgekehrt, ist bei dieser 4-3-2-1-Regel eher salomonisch entschieden. 40 Prozent Zinspapiere und 10 Prozent liquide Mittel ergeben zusammen 50 Prozent des Vermögens. Also ist die Hälfte in reinen Geldwertanlagen untergebracht. Die andere Hälfte wandert in Sachwertanlagen, und zwar 30 Prozent in Aktien und 20 Prozent in Immobilien.

Haus- und Wohnungseigentümer oder Erwerber von Anteilen an Immobilienfonds haben häufig die eine Hälfte Ihres Reinvermögens in Immobilien angelegt. Mutige Börsenfans sind vielleicht zu mehr als 50 Prozent in Aktien oder Aktienfonds engagiert. Dies muß nicht verkehrt sein. Wenn Sie auf einem Markt über besonders viel Wissen und Erfahrung verfügen, sollten Sie auf diesem Gebiet auch Ihren persönlichen Anlageschwerpunkt setzen. Ihr persönliches Vermögen darf also sehr wohl etwas geldwert-, immobilien- oder aktienlastig angeordnet sein.

Haben Sie aber ein sehr starkes Gewicht auf einen Markt gelegt, sollten Sie bei Neuanlagen untergewichtete Bereiche stärker ausbauen. Beispiel: Stecken 90 Prozent Ihres Vermögens in reinen Geldwert- oder Zinsanlagen, sollten Sie neue Gelder in Aktien oder Immobilien investieren.

2. Pläne: Fondsanlage nach dem 3-Stufen-Plan

„Planung ist der Ersatz des Zufalls durch den Irrtum", meinen Kritiker von Planspielen. Die Anlage Ihres Vermögens sollten Sie aber keinesfalls dem Zufall überlassen. Eine persönliche Finanzplanung schützt Sie zwar nicht vor Irrtümern, aber vor falschen Vorstellungen über Ihre finanzielle Zukunft. Denken Sie an den Spruch: „Ein Mensch ohne Plan ist wie ein Schiff ohne Steuer."

Am Anfang Ihrer Finanzplanung steht die möglichst genaue Finanzanalyse. Sie ziehen Bilanz über Ihr Hab und Gut und stellen dabei Ihr Vermögen den Schulden gegenüber. Damit wird deutlich, wie hoch Ihr Reinvermögen ist und wie es sich im einzelnen zusammensetzt. Wichtig ist, über welche Vermögensteile Sie kurzfristig verfügen und auf welche Sie erst später zurückgreifen können.

Um laufende Einnahmen und Ausgaben in den Griff zu bekommen, kann ein Monats- oder Jahresbudget aufgestellt werden. Einen Teil des laufenden Einnahmenüberschusses können Sie dann gezielt für den weiteren Aufbau Ihres Vermögens verwenden.

Mit Investmentplänen sind sowohl Einmalanlagen als auch regelmäßige Daueranlagen möglich. Nimmt man noch regelmäßige Entnahmen hinzu, sind spezielle Investmentpläne auf drei Stufen möglich:

1. Stufe: Einmalanlagen (für einmalige Einzahlungen)
2. Stufe: Daueranlagen (für regelmäßige, meist monatliche Einzahlungen) in Form von Spar-, Aufbau- oder Wachstumsplänen
3. Stufe: Auszahlungspläne (für regelmäßige, meist monatliche Entnahmen) mit Kapitalerhalt oder mit Kapitalverzehr

Für den Vermögensaufbau über Fonds empfiehlt sich eine Kombination aus Einmal- und Daueranlagen. Frei werdende Anlagebeträge ab 10.000 DM werden zu möglichst günstigen Einstiegszeitpunkten für den Kauf von Fondsanteilen verwandt. Zusätzlich wandern Monat für Monat Kleinbeträge ab 100 DM in einen Fondssparplan.

Auszahlungs- oder Entnahmepläne eignen sich insbesondere für Rentner und Pensionäre, die eine feste monatliche Zusatzrente wünschen. Werden Geldbeträge aus Immobilienverkäufen oder dem Ablauf von Lebensversicherungen frei, können nun die Früchte des über Jahre aufgebauten Vermögens geerntet werden. Von einem Auszahlungsplan mit teilweisem oder vollständigem Kapitalverzehr spricht man, wenn zusätzlich zu den Kapitalerträgen auch noch Teile des Kapitals selbst aufgebraucht werden.

Geldanlagen in der Aufbauphase der ersten und zweiten Stufe, um anschließend in der Erntephase – der dritten Stufe – zu genießen, dies ist die Idee, die hinter dem 3-Stufen-Plan steckt. Insofern weist dieser Stufenplan Ähnlichkeiten mit den Lebensphasen des Anlegers auf.

Vermögensaufbauplan mit Einmalanlagen

Der Zinseszins macht es möglich: Schon bei 7,2 Prozent durchschnittlicher Jahresrendite verdoppeln Sie Ihr eingesetztes Kapital in nur zehn Jahren, falls Sie die jährlichen Erträge wieder zu 7,2 Prozent anlegen. Rechnen Sie sich aber nicht reich, indem Sie den gesamten Wertzuwachs von 100 Prozent durch 10 Jahre dividieren und dann von einem „durchschnittlichen Wertzuwachs" von 10 Prozent pro Jahr reden. Verwechseln Sie daher nie echte Anleger-Rendite mit Wertzuwachs. In die echte Anleger-Rendite gehen alle laufenden Dividenden-, Zins- und Mieterträge sowie Kurs- und Wertänderungen ein, und zwar nach Abzug aller einmaligen und laufenden Kosten.

Wie sich unterschiedliche Renditen von 5 bis 10 Prozent auf Ihr Endkapital auswirken, zeigt die Tabelle „Endkapital bei Einmalanlagen von 10.000 DM". Bei Wiederanlage der Erträge und einer Anlagedauer von 15 Jahren liegt das Endkapital bei 10 Prozent Rendite beispielsweise doppelt so hoch wie das Endkapital bei nur 5 Prozent Rendite. Die kleine Zahl – 10 statt 5 Prozent – hat also eine große Wirkung – 41.772 DM statt 20.789 DM.

Endkapital bei Einmalanlagen von 10.000 DM mit Wiederanlage der Erträge

Jahre	5 %	6 %	7 %	8 %	9 %	10 %
5 Jahre	12.763	13.382	14.026	14.693	15.386	16.105
8 Jahre	14.775	15.938	17.182	18.509	19.926	21.436
10 Jahre	16.289	17.908	19.672	21.589	23.674	25.937
12 Jahre	17.959	20.122	22.522	25.182	28.127	31.384
15 Jahre	20.789	23.966	27.590	31.722	36.425	41.772
18 Jahre	24.066	28.543	33.799	39.960	47.171	55.599
20 Jahre	26.533	32.071	38.697	46.610	56.044	67.725
25 Jahre	33.864	42.919	54.274	68.485	86.231	108.347
30 Jahre	43.219	57.435	76.123	100.627	132.677	174.494

Legen Sie zum Beispiel 50.000 DM einmalig für zehn Jahre an und rechnen mit 7 Prozent Rendite, gehen Sie wie folgt vor: Sie suchen die Zeile mit der Anlagedauer auf und sehen dann rechts in der Spalte unter 7 Prozent den Betrag 19.672 DM. Dieser wird dann mit dem Vielfachen von 10.000 DM, also hier mit 5 multipliziert. Bei einem angenommenen Anlagebetrag von 32.000 DM müßten Sie also mit 3,2 multiplizieren, bei einem Anlagebetrag von 3.200 DM mit 0,32. Sie können Ihr Endkapital aber auch mit der Zinseszinsformel berechnen. Diese lautet:

$$Endkapital = Anfangskapital * \left(1+\frac{Rendite}{100}\right)^{Jahre}$$

Dazu ein Beispiel: Ihr Anfangskapital, das Sie als Einmalanlage einsetzen, beträgt 30.000 DM. Sie wollen Ihr Geld 14 Jahre lang bei der Bank lassen mit Wiederanlage der Erträge und rechnen optimistisch mit 12 Prozent durchschnittlicher Rendite pro Jahr. Ihr Endkapital beträgt dann laut Formel 146.613 DM:

$$Endkapital = 30.000\ DM * \left(1+\frac{12}{100}\right)^{14}$$

$$= 30.000\ DM * 1{,}12^{14} = 30.000\ DM * 4{,}8871 = 146.613 DM$$

Zurück zu Einmalanlagen mit Investmentfonds. Die Wertentwicklungszahlen für alle Inlandsfonds veröffentlicht regelmäßig der BVI (Bundesverband für alle Investment-Gesellschaften). Rechnet man den Ausgabeaufschlag heraus und berücksichtigt man den Zinseszinseffekt, ergeben sich folgende echte Renditen (Ende des Berechnungszeitraums ist jeweils der 31.12.1992):

Durchschnittliche Rendite bei Einmalanlagen

Fondstyp	10-Jahres-Zeitraum	20-Jahres-Zeitraum
deutsche Aktienfonds	8,0 – 15,0 %	4,5 – 8,0 %
intern. Aktienfonds	1,0 – 13,0 %	2,0 – 8,5 %
deutsche Rentenfonds	6,0 – 8,0 %	7,0 – 8,0 %
intern. Rentenfonds	4,0 – 8,0 %	7,0 – 8,0 %
offene Immobilienfonds	5,5 – 7,0 %	5,5 – 7,0 %

Mit Einmalanlagen in Renten- und offenen Immobilienfonds ließen sich in den vergangenen 10 oder 20 Jahren Renditen bis zu 8 Prozent erzielen. Dies gilt wohlgemerkt nur bei Wiederanlage der Erträge sowie vor Steuern und Inflation. Zweistellige Renditen bis zu 15 Prozent pro Jahr fielen allerdings bei Aktienfonds an, jedoch nur bei Spitzenfonds, und zwar in den letzten zehn Jahren.

In der Zukunft werden Traumrenditen mit Investmentfonds wohl eher die Ausnahme sein. Dies gilt vor allem für die Einmalanlage in Renten- und offene Immobilienfonds mit einer Anlagedauer von zehn Jahren und mehr. Mehr als 8 Prozent Rendite pro Jahr sind hier langfristig nicht zu erwarten.

Die Renditen zwischen den stärksten und schwächsten Aktienfonds weisen eine große Schwankungsbreite auf. Zudem kommt es bei der Berechnung der Vergangenheitsrenditen stark auf die Wahl des zugrunde gelegten Zeitraums an. Wenn Sie mit 10 Prozent Zukunftsrendite rechnen, so ist das schon eine recht optimistische Prognose.

Es wird jetzt sicherlich auch klar, warum in der Tabelle über das zu erwartende Endkapital bei Einmalanlagen nur Renditen zwischen 5 und 10 Prozent unterstellt wurden. Renditen unter 5 Prozent sind absolut indiskutabel, da weniger als 5 Prozent Rendite durch Steuern und Inflation aufgezehrt werden. Mit anderen Worten: Nach Steuern und unter Berücksichtigung der Inflation stehen Sie real als Verlierer da. Renditen über 10 Prozent sind andererseits nur in den seltensten Fällen erzielbar.

Vermögensaufbau mit Daueranlagen

Mit regelmäßigen monatlichen Einzahlungen können Sie Ihr Vermögen Stück für Stück aufbauen. Eine Verdoppelung Ihres gesamten Sparbetrages werden Sie jedoch bei 7 Prozent durchschnittlicher Jahresrendite erst nach gut 18 Jahren erreichen. Der Grund: Anders als bei der Einmalanlage wirft beim Sparplan nur der jeweilig angesparte Betrag Erträge ab.

Die bekannteste Daueranlage stellt eigentlich die klassische Kapital-Lebensversicherung dar. Die Werbestrategen und Versicherungsvertreter streichen oft die Verdoppelung der Versicherungssumme nach 25 Jahren groß heraus. Bei genauem Nachrechnen entspricht dies aber nur einer Mini-Rendite von etwas mehr als 5 Prozent, sofern der gesamte Beitragsaufwand in etwa so hoch ist wie die Versicherungssumme.

In der folgenden Tabelle „Endkapital bei Daueranlage von 100 DM monatlich" wird wieder das Wechselspiel von kleiner Ursache, sprich Höhe der Rendite, und großer Wirkung, sprich Höhe des Endkapitals, deutlich. Bei einer Anlagedauer von 10 Jahren werden bei monatlicher Einzahlung von 100 DM und bescheidenen 5 Prozent Rendite nur

15.500 DM und damit nur 3.500 DM mehr als der gesamte Sparbetrag herauskommen. Bei 10 Prozent Rendite wächst das Kapital hingegen auf über 20.000 DM an. Noch krasser fällt der Vergleich bei 25 Jahren Daueranlage aus: Statt Verdoppelung bei 5 Prozent Rendite kommen Sie auf das Vierfache bei 10 Prozent Rendite.

Endkapital bei Daueranlage von 100 DM monatlich mit Wiederanlage der Erträge

Jahre	Eigenaufwand (DM)	5 %	6 %	7 %	8 %	9 %	10 %
5 Jahre	6.000	6.809	6.983	7.161	7.343	7.530	7.721
8 Jahre	9.600	11.768	12.261	12.776	13.314	13.876	14.463
10 Jahre	12.000	15.500	16.328	17.205	18.133	19.116	20.156
12 Jahre	14.400	19.615	20.899	22.276	23.754	25.341	27.044
15 Jahre	18.000	26.592	28.834	31.292	33.987	36.942	40.182
18 Jahre	21.600	34.668	38.286	42.338	46.877	51.966	57.668
20 Jahre	24.000	40.748	45.570	51.050	57.282	64.370	72.434
25 Jahre	30.000	58.816	67.966	78.762	91.509	106.571	124.377
30 Jahre	36.000	81.875	97.937	117.629	141.801	171.503	208.031

Wenn Sie beispielsweise monatlich 500 DM regelmäßig zehn Jahre lang sparen und mit 7 Prozent Rendite kalkulieren, können Sie Ihr Endkapital bei Wiederanlage der Erträge wie folgt mit Hilfe der Tabelle berechnen:

Sie suchen die Zeile mit der Anlagedauer 10 Jahre auf und sehen in der zweiten Spalte, daß Sie in dieser Zeit insgesamt 12.000 DM aufgewendet haben. Unter dem Zinssatz 7 Prozent finden Sie den Betrag von 17.205 DM. Diesen multiplizieren Sie dann mit dem Vielfachen von 100 DM, in diesem Fall mit 5, da Sie ja nicht 100 DM, sondern monatlich 500 DM, also das Fünffache sparen. Bei einem monatlichen Sparbetrag von 320 DM müßten Sie also mit 3,2 multiplizieren.

Natürlich gibt es auch eine exakte Formel zur Berechnung des Endkapitals bei Sparplänen, doch möchte ich Ihnen diese jetzt ersparen, weil sie wirklich sehr kompliziert ist. Falls Sie die Tabelle nicht direkt anwenden können, rechnen Sie am besten mit Zwischenwerten.

Sparpläne mit Investmentfonds funktionieren grundsätzlich anders als Einmalanlagen. Bei einmaligen Zahlungen wird üblicherweise eine bestimmte Anzahl von Fondsanteilen gekauft. Zum Beispiel: 100 Stück à 100 DM = 10.000 DM. Steigt der Ausgabepreis auf 120 DM, wird der Kauf von 100 Fondsanteilen teurer. Fällt der Ausgabepreis, so sinkt auch der Kaufpreis.

Bei regelmäßigen monatlichen Einzahlungen in Höhe eines bestimmten Sparbetrages von beispielsweise 100 DM wird bei steigenden Anteilspreisen weniger und bei sinkenden Preisen automatisch mehr gekauft. Beispiel: Bei 120 DM werden nur 0,83 Anteile erworben, bei 80 DM hingegen 1,25 Anteile. Die recht angenehme Wirkung, Fondsanteile zu günstigeren Durchschnittswerten zu erwerben als beim Kauf einer bestimmten gleichbleibenden Anzahl von Anteilen, wird auch „Durchschnittskosteneffekt" oder „Cost-average-Effekt" genannt.

Von diesem Durchschnittskosteneffekt profitiert der Daueranleger im Gegensatz zum Einmalanleger. Hinzu kommt, wie beim Einmalanleger, der Zinseszinseffekt, wenn eine regelmäßige Wiederanlage der Erträge erfolgt.

Fondstyp	10-Jahres-Zeitraum (31.12.81 – 31.12.91)	20-Jahres-Zeitraum (31.12.71 – 31.12.91)
deutsche Aktienfonds	6,00 – 12,00 %	7,50 – 10,00 %
intern. Aktienfonds	– 2,00 – 11,50 %	3,00 – 11,00 %
deutsche Rentenfonds	4,00 – 6,00 %	6,50 – 7,50 %
intern. Rentenfonds	6,00 – 7,50 %	7,50 – 8,50 %
offene Immobilienfonds	5,00 – 6,00 %	5,50 – 6,60 %

Mit mageren Renditen muß sich demnach der Daueranleger in deutschen Rentenfonds und offenen Immobilienfonds begnügen. An die langjährige durchschnittliche Rendite auf dem Anleihenmarkt von 7,5 Prozent kommt nur ein einziger deutscher Rentenfonds – der Gerling Rendite Fonds – heran.

Gleich drei deutsche Aktienfonds – DIT-Fonds für Vermögensbildung, Concentra und Investa – warfen im Zeitraum von Ende 1971 bis Ende 1991 echte Anleger-Renditen von durchschnittlich 10,2 Prozent ab. Auch im 10-Jahres-Zeitraum liegen diese Fonds zusammen mit dem FT-Frankfurt-Effekten auf den ersten Plätzen. Zweistellige

Anleger-Renditen erzielte hingegen nur ein einziger internationaler Aktienfonds – der Akkumula.

Bei der vermögenswirksamen Anlage in deutschen Aktienfonds ergibt sich im Durchschnitt aller 7-Jahres-Zeiträume eine Rendite von 8,1 Prozent. Diese Anleger-Rendite steigt auf durchschnittlich 13,8 Prozent, sofern man die 20prozentige Arbeitnehmersparzulage berücksichtigt. Die Renditeberechnungen wurden von der Redaktion des Loseblattwerks „Der Geldanlage-Berater" vorgenommen, die Endkapitalsummen aus der folgenden Tabelle stammen vom BVI (Bundesverband Deutscher Investment-Gesellschaften).

Die nebenstehende Tabelle zeigt die Rendite- und Kapitalentwicklung von vermögenswirksamen Anlagen in deutsche Aktienfonds mit einer Anlagedauer von 7 Jahren.

Sparsumme nach 6 Jahren (Gesamteinzahlung)	5.616,00 DM
– 20 % Arbeitnehmersparzulage	1.123,20 DM
Nettoaufwand nach 6 Jahren	4.492,80 DM

Die Arbeitnehmersparzulage von monatlich 15,60 DM oder jährlich 187,20 DM (= 20 % von 936 DM) ist an drei Voraussetzungen gebunden:
1. Sie sind Arbeitnehmer (einschl. Auszubildende).
2. Sie legen jährlich maximal 936 DM vermögenswirksam in Aktien oder Aktienfonds an.
3. Ihr zu versteuerndes Jahreseinkommen liegt nicht über 27.000/54.000 DM (Ledige/Verheiratete).

Jahres-Zeiträume	Rendite (GB)* in Prozent		Endkapital (BVI)**
	ohne Arbeitneh-mersparzulage	mit Arbeitneh-mersparzulage	bei einer monatlichen Einzahlung von 78 DM
1962 – 1968	8,4	14,1	7.816,40 DM
1963 – 1969	9,5	15,2	8.201,99 DM
1964 – 1970	2,5	8,1	6.221,24 DM
1965 – 1971	4,2	9,8	6.654,98 DM
1966 – 1972	6,1	11,7	7.161,67 DM
1967 – 1973	-0,4	5,1	5.520,70 DM
1968 – 1974	-2,2	3,3	5.134,24 DM
1969 – 1975	5,1	10,8	6.904,38 DM
1970 – 1976	3,6	9,2	6.491,81 DM
1971 – 1977	4,8	10,5	6.822,36 DM
1972 – 1978	5,4	11,0	6.961,83 DM
1973 – 1979	3,4	9,0	6.430,50 DM
1974 – 1980	3,3	8,9	6.417,35 DM
1975 – 1981	2,5	8,1	6.222,16 DM
1976 – 1982	5,1	10,7	6.879,71 DM
1977 – 1983	11,0	16,7	8.717,32 DM
1978 – 1984	12,1	17,8	9.094,22 DM
1979 – 1985	22,7	28,6	13.705,21 DM
1980 – 1986	22,3	28,1	13.471,55 DM
1981 – 1987	9,4	15,1	8.187,40 DM
1982 – 1988	11,7	17,5	8.967,63 DM
1983 – 1989	15,2	20,9	10.252,90 DM
1984 – 1990	7,6	13,3	7.615,05 DM
1985 – 1991	3,8	9,4	6.552,28 DM
Durchschnitt aller 7-Jahres-Zeiträume	8,1	13,8	7.768,75 DM

*GB = „Geldanlage-Berater"-Rendite (berechnet die echte Anleger-Rendite pro Jahr mit Berücksichtigung von Ausgabeaufschlag und Zinseszinseffekt)

**BVI = Bundesverband Deutscher Investment-Gesellschaften (berechnet bei Sparplänen das Endkapital, hier bei einer monatlichen Einzahlung von 78 DM über 6 Jahre mit einer Wartefrist von 1 Jahr, bei Anlage zum Ausgabepreis, bei Ertragswiederanlage und Endbewertung zum Anteilwert)

Monatliche Entnahmen mit Auszahlungsplänen

Der 3-Stufen-Plan bei der Fondsanlage geht vom EDA-Konzept aus: Vermögensaufbau mit Einmalanlagen (E) durch einmalige Einzahlungen einerseits und Daueranlagen (D) über Sparpläne mit regelmäßig wiederkehrenden Einzahlungen andererseits, schließlich in der dritten Stufe Auszahlungspläne (A) mit regelmäßigen, meist monatlichen Entnahmen. Auszahlungspläne sind quasi die Umkehrung von Vermögensaufbauplänen, die Erntephase mit dem Genuß der Kapitalerträge.

Auszahlungspläne setzen bestimmte Kapitalbeträge ab 20.000 DM voraus. Das eingezahlte Kapital stammt aus Verkäufen von Immobilien und Wertpapieren, aus dem Ablauf von Kapital-Lebensversicherungen oder auch aus der angesammelten Summe bei Einmal- oder Daueranlagen mit Investmentfonds. Die monatlichen Auszahlungen oder Entnahmen werden dann als willkommene Zusatzrente im Ruhestand oder als „Überbrückungsgelder" für die Zeit vom beruflichen Ausstieg bis zum Erreichen des Rentenalters angesehen.

Selbstverständlich gibt es die Alternative, den gesamten Kapitalbetrag in eine private Rentenversicherung einzuzahlen, um dann eine lebenslange private Rente zu beziehen. Diese Verrentung von Einmalbeiträgen hat sogar den steuerlichen Vorteil, daß nur der jeweilige Ertragsanteil der lebenslangen Zusatzrente – bei einem 65jährigen Rentenbezieher beispielsweise nur 24 Prozent der Rente – versteuert wird. Nachteil der Verrentungslösung: Ihr Kapital verzehrt sich automatisch, und Ihre Erben gehen leer aus.

Auszahlungspläne mit Investmentfonds lassen Ihnen hingegen einen weiten Spielraum. Sie können zwischen Kapitalerhalt und vollständigem oder teilweisem Kapitalverzehr wählen. Beim Auszahlungsplan mit Kapitalerhalt werden zwar die monatlichen Auszahlungen zunächst Ihrem Kapital „entnommen" und dafür entsprechend viele Fondsanteile oder Anteilsbruchteile verkauft. Dieser vorübergehende Kapitalabbau wird aber durch die Wiederanlage der Erträge sowie durch die mögliche Steigerung der Anteilspreise wieder ausgeglichen. Je sicherer die Renditen der Fonds kalkulierbar sind, desto besser geht dieser Auszahlungsplan mit Kapitalerhalt auf.

Für Auszahlungspläne eignen sich daher besonders Anteile an offenen Immobilienfonds. Bei Rentenfonds und vor allem Aktienfonds schlägt der umgekehrte „Cost-average-Effekt" negativ zu Buche. Bei sinkenden Anleihe- oder Aktienkursen müssen nämlich mehr Fondsanteile verkauft werden, um die gleiche monatliche Auszahlung zu gewährleisten.

Bei Auszahlungsplänen mit Kapitalverzehr liegen die Entnahmen über den erzielten Erträgen. Es werden also während des Jahres mehr Fondsanteile verkauft, als bei der Wiederanlage der Erträge gekauft werden können. Auch hier gilt: Wenn Auszahlungspläne, dann am genauesten mit offenen Immobilienfonds.

In der Tabelle „Monatliche Entnahmen bei Einmalzahlung von 100.000 DM" finden Sie Auszahlungsbeträge, die von der Höhe der zu erwartenden Rendite und der Dauer des Kapitalverzehrs abhängen. Falls kein Kapitalverzehr gewünscht wird, fließen die Auszahlungen unbegrenzt.

Entnahmedauer nach Jahren	Monatliche Entnahmen bei Einmalzahlung von 100.000 DM bei einer durchschnittlichen Rendite von jährlich					
	5 %	6 %	7 %	8 %	9 %	10 %
unbegrenzt (Kapitalerhalt)	406 DM	484 DM	562 DM	639 DM	715 DM	791 DM
Kapitalverzehr						
nach 30 Jahren	528 DM	586 DM	647 DM	710 DM	774 DM	839 DM
nach 25 Jahren	576 DM	631 DM	689 DM	748 DM	809 DM	871 DM
nach 20 Jahren	651 DM	704 DM	758 DM	814 DM	871 DM	929 DM
nach 18 Jahren	694 DM	746 DM	798 DM	852 DM	908 DM	964 DM
nach 15 Jahren	782 DM	831 DM	882 DM	933 DM	986 DM	1.040 DM
nach 12 Jahren	916 DM	963 DM	1.011 DM	1.060 DM	1.110 DM	1.160 DM
nach 10 Jahren	1.051 DM	1.097 DM	1.143 DM	1.191 DM	1.238 DM	1.287 DM
nach 8 Jahren	1.256 DM	1.300 DM	1.345 DM	1.390 DM	1.436 DM	1.482 DM
nach 5 Jahren	1.874 DM	1.916 DM	1.959 DM	2.001 DM	2.042 DM	2.083 DM

Dazu ein praktisches Beispiel: Ein 57jähriger Angestellter hat mit Einmal- und Daueranlagen innerhalb von zehn Jahren ein Vermögen von rund 184.000 DM aufgebaut – 98.000 DM mit einer Einmalanlage von 50.000 DM und 86.000 DM mit einer monatlichen Sparrate von 500 DM. Dabei wurde eine durchschnittliche Rendite von 7 Prozent bei Wiederanlage der Erträge angenommen. Er füllt sein Endkapital von 184.000 DM um 16.000 DM auf und zahlt 200.000 DM auf einen Schlag in einen Auszahlungsplan mit Kapitalverzehr nach 8 Jahren ein, da er einen vorzeitigen Ausstieg aus dem Berufsleben plant.

In der Zeit vom Ausstieg bis zum Rentenbeginn erhält er monatlich

2.600 DM, falls er einen Auszahlungsplan mit offenen Immobilienfonds und 6 Prozent erwarteter Rendite wählt. Ob dieser Monatsbetrag ausreicht, muß unser 57jähriger Angestellter selbst entscheiden. Wohnt er in einem schuldenfreien Eigenheim, sieht die finanzielle Situation sicherlich recht günstig aus. Wenn er verheiratet ist und zusammen mit seiner Ehefrau keine weiteren Einnahmen bezieht, dürfte eine monatliche Entnahme von 2.600 DM jedoch gerade zum Leben ausreichen.

Wer bereits eine Rente oder Pension erhält, kann mit einem Auszahlungsplan für eine monatliche Zusatzrente sorgen. Immer unter der Voraussetzung, daß eine höhere Summe zur Einmalzahlung zur Verfügung steht. Ob nun eine Entnahme mit oder ohne Kapitalverzehr gewählt wird, hängt vom finanziellen Bedarf des Ruheständlers und seiner Einstellung gegenüber möglichen späteren Erben ab.

3. Zeiten: Fonds-timing nach dem Drei-Phasen-Schema

Die doch oft bescheidenen Vergangenheitsrenditen für Einmal- und Daueranlagen in Investmentfonds mögen Sie vielleicht erstaunt haben. Um 5 bis 6 Prozent Rendite zu erzielen, benötigen Sie keine Fonds.

Bevor Sie voreilig das Handtuch werfen, sollten Sie jedoch durchschnittliche Renditen pro Jahr etwas genauer unter die Lupe nehmen. Zunächst einmal können Sie aus Vergangenheitsrenditen keine Zukunftsrenditen ableiten. Dieser häufig gemachte „Übertragungsfehler" verführt gerade dazu, von der Vergangenheit auf die künftige Entwicklung zu schließen.

Wichtiger ist jedoch noch etwas anderes: Es hängt ganz entscheidend von der Wahl des zugrunde gelegten Berechnungszeitraumes ab, ob eine Fondsgruppe oder ein einzelner Fonds gut oder schlecht abgeschnitten hat. Ein Einstieg in Aktienfonds nach dem Börsencrash vom 19. Oktober 1987 muß zwangsläufig zu besseren Ergebnissen führen als ein Einstieg vorher.

Dazu ein konkretes Beispiel: Der in der Vergangenheit immer in der Spitzengruppe zu finden deutsche Aktienfonds „DIT-Fonds für Vermögensbildung" erzielte im 5-Jahres-Zeitraum von Ende 1987 bis Ende 1992 einen Wertzuwachs von insgesamt 78 Prozent. Der Grund: Der Einstiegszeitpunkt 31.12.1987 war recht günstig gewählt. Hätten

Sie Anteile am DIT-Fonds für Vermögensbildung jedoch am 30.9.1987 – also knapp drei Wochen vor dem Börsencrash – gekauft und fünf Jahre später wieder verkauft, wäre der Wertzuwachs mit knapp 38 Prozent recht bescheiden ausgefallen.

Sie können Ihren Gewinn also beträchtlich steigern, wenn Sie den richtigen Zeitpunkt zum Einstieg finden. Mindestens genauso wichtig ist die Wahl des Zeitpunktes für den lukrativen Ausstieg. In der Zwischenzeit, die wegen des langfristigen Charakters einer Fondsanlage in der Regel mindestens fünf Jahre betragen sollte, lassen Sie Ihre Anteile bei der Fondsgesellschaft oder der Depotbank liegen und beobachten den Markt.

Das EVA-Konzept – E für Einstieg, V für Verwaltung und A für Ausstieg – zerlegt die Anlage in Investmentfonds in 3 Phasen:

1. Phase: Einstieg →   (Kaufen zum richtigen Zeitpunkt)
2. Phase: Verwaltung →   (Halten für einen bestimmten Zeitraum)
3. Phase: Ausstieg →   (Verkaufen zum richtigen Zeitpunkt)

Der richtige Einstieg mit Fondsanteilen

Die Amerikaner bringen es auf die griffigen Formeln „bad news are good news" oder „buy on bad news". Schlechte Nachrichten sind also gute Nachrichten für Einsteiger und ein Signal zum Kaufen. Liegen Aktienkurse, Anleihekurse oder Immobilienpreise im Keller, lohnt sich der Einstieg in Aktien-, Renten- oder Immobilienfonds. „Im Einkauf liegt der Gewinn", besagt ein anderer Spruch. Wer bei niedrigen Kursen und Preisen kauft, legt damit den Grundstein für hohe Kurs- und Veräußerungsgewinne.

Dabei kommt es nicht darauf an, genau den Tiefstkurs für den Einstieg zu erwischen, denn dies gelingt erfahrungsgemäß nicht. Es geht vielmehr darum, eine Tiefphase für Käufe zu nutzen. Beispiel Aktien- und Anleihekurse im Herbst 1992: Während die Kurse deutscher Aktien immer neue Jahrestiefststände erreichten, kletterten die Kurse von Bundesanleihen infolge des gesunkenen Zinsniveaus kräftig nach oben. Wer sich in dieser Situation antizyklisch verhielt und Aktien statt Anleihen kaufte, wird in Zukunft sehr wahrscheinlich zu den Gewinnern gehören. Gleiches gilt für Wertpapierfonds: Mit dem Kauf von Aktienfonds statt Rentenfonds gingen Sie in dieser Phase „anders als die anderen" vor und schwammen gegen den Strom.

Selbstverständlich verlangt ein zur Masse konträres und antizyklisches Verhalten von Ihnen viel Mut und Durchhaltevermögen.

Doch trösten Sie sich: Die meisten Anleger handeln meist falsch. Sie kaufen beispielsweise deutsche Rentenfonds, wenn die Wertsteigerung für das vergangene Jahr zweistellig ausfällt. Der von der DIT gemanagte „Deutscher Rentenfonds" legte von Ende 1991 bis Ende 1992 knapp 13 Prozent zu, da er von hohen Kurssteigerungen bei deutschen Anleihen profitierte. Je höher die Anleihekurse und je tiefer das Zinsniveau aber liegen, desto geringer wird die Aussicht auf künftig weiter kräftig steigende Kurse.

Im gleichen Zeitraum fiel der „DIT-Fonds für Vermögensbildung", der in deutsche Aktien investiert, infolge der gesunkenen Aktienkurse um fast 7 Prozent zurück. Obwohl es sich bei dem gedrückten Kursniveau lohnte, in deutsche Aktien oder Aktienfonds einzusteigen, hielt sich die Masse der Anleger vom Aktienmarkt fern.

Überspitzt ausgedrückt: Die Mehrheit kauft Fonds mit einer „starken Vergangenheit" in der oft trügerischen Hoffnung, auch in der Zukunft hohe Wertsteigerungen zu erzielen. Mehr Erfolg verspricht jedoch das Verhalten der Minderheit, die bewußt Fonds mit einer „schwachen Vergangenheit" kauft und auf eine positive Entwicklung in der Zukunft setzt. Je höher die Wertsteigerungen im letzten Jahr ausfallen, desto mehr Vorsicht ist angebracht. Hat eine Fondsgruppe aber große Wertverluste erlitten, kann sich der Mut zum Einstieg in barer Münze auszahlen. Auf diese – zugegebenermaßen unübliche – Weise lassen sich die jeden Monat vom BVI veröffentlichten Wertentwicklungszahlen eben auch nutzen.

Die richtige Anlagedauer mit Fondsanteilen

Insbesondere Aktien- und offene Immobilienfonds sollten als langfristige Anlage betrachtet werden. Diese Langfristperspektive gilt vor allem für Einmalanlagen, die zu einem bestimmten Einstiegszeitpunkt getätigt werden.

Spezielle Rentenfonds wie Geldmarkt- oder Kurzläuferfonds sind in einer Phase hoher kurzfristiger Zinsen empfehlenswert. Sinkt das Zinsniveau am kurzen Ende jedoch drastisch, sollten die Fondsanteile nicht länger gehalten werden. Der meist nur geringe Ausgabeaufschlag von 1 Prozent schlägt bei Geldmarktfonds mit kurzer Anlagedauer bei weitem nicht so stark zu Buche wie bei Aktien- und offenen Immobilienfonds, wo die Ausgabezuschläge bei 5 Prozent liegen.

Eigentlich ein Unikum stellen die Laufzeitfonds dar, die am Ende der von vornherein festgelegten Laufzeit aufgelöst werden. Sie sind für Terminsparer geeignet, die sich ein aktuell hohes Zinsniveau für einen bestimmten Zeitraum sichern möchten. In Zeiten niedriger Zinsen sind spezielle Renten-Laufzeitfonds völlig uninteressant.

Bei Spar- und Auszahlungsplänen wird die Anlagedauer weniger vom aktuellen Aktien-, Anleihe- oder Immobilienmarkt bestimmt, sondern mehr von den persönlichen Wünschen nach einer regelmäßigen monatlichen Ein- oder Auszahlung. Bei Sparplänen steht der langfristige Vermögensaufbau mit Wiederanlage der Erträge im Vordergrund, bei Auszahlungsplänen dominiert der Wunsch nach einer hohen monatlichen Entnahme.

Der richtige Ausstieg mit Fondsanteilen

Hohe Kurs- oder Wertsteigerungen sind nach der Regel „sell on good news" das Signal zum Ausstieg. Verkaufen Sie daher Ihre Fondsanteile bei guten Nachrichten mit Gewinn, denn an der Mitnahme von Gewinnen ist noch niemand gestorben.

Die Mehrheit verkauft ihre Fondsanteile nach starken Wertverlusten – aus Angst, noch mehr zu verlieren. Umgekehrt geht der antizyklische Anleger vor, der seine Fondsanteile gerade dann verkauft, wenn die Kaufstimmung aufgrund starker Wertsteigerungen groß ist und in Euphorie umschlägt.

Beispiel: Anfang März 1993 lohnte es sich, diese Fondsanteile mit ansehnlichen Kursgewinnen wieder zu verkaufen. Der drastische Fall der langristigen Zinsen auf unter 6,5 Prozent hatte für hohe Wertsteigerungen gesorgt.

III. Typen

Welche Investmentfonds Sie wählen sollten

Selbst wenn Sie das richtige Konzept zum Aufbau Ihres Vermögens mit Fonds gefunden haben, bleibt Ihnen die Qual der Wahl unter 500 Inlandsfonds und ebenso vielen Auslandsfonds. Allein über 400 deutsche Fonds und knapp 100 Luxemburger Fonds deutscher Herkunft buhlen um die Gunst der Anleger. Da fällt es schwer, den Wald vor lauter Bäumen noch zu sehen. Im folgenden soll daher der „Fonds-Wald" mit seinen „Baumgruppen" im Vordergrund stehen.

Grundsätzlich wird zwischen Wertpapierfonds und Grundstücksfonds unterschieden. Wertpapierfonds werden als Aktien-, Renten- oder gemischte Fonds angeboten. Entsprechend der Konzentration auf Aktien-, Anleihe- und Immobilienmarkt und der Entwicklung des ABI-Konzepts (A wie Aktien, B wie Bonds, I wie Immobilien) lassen sich nun drei Grundtypen von Investmentfonds unterscheiden:

1. Aktienfonds (mit deutschen oder internationalen Aktien)
2. Rentenfonds (mit deutschen oder internationalen Anleihen)
3. offene Immobilienfonds (mit vorwiegend deutschen Gewerbeimmobilien)

Zu diesen drei Grundtypen kommt noch eine Fülle von Sonderformen hinzu, die entweder eine Nähe zu Aktienfonds oder zu Rentenfonds aufweisen. Zur Gruppe der Aktienfonds im weitesten Sinne zählen beispielsweise Index-, Optionsschein-, Futuresfonds, Fonds für Fonds. Auch Umbrella-Fonds, Fonds-Picking und fondsgebundene Lebensversicherungen sind meist auf Aktien konzentriert.

Spezielle Rentenfonds sind vor allem von den Luxemburger Fonds her bekannt. Wegen der liberalen Investmentrichtlinien können dort auch geldmarktnahe Fonds, Geldmarktfonds und Garantiefonds angeboten werden. Weitere Spezialitäten auf dem Sektor der Rentenfonds sind Laufzeitfonds und Kurzläuferfonds.

Mit dem Rückgang des Zinsniveaus verlieren Geldmarkt- und Laufzeitfonds, mit denen man sich hohe Zinsen weitgehend sichern kann, jedoch an Attraktivität. Auch die Flucht in Luxemburger Fonds dürfte nach ersten Erfahrungen mit der ab 1993 geltenden Zinsabschlagsteuer wieder etwas nachlassen. Schließlich kann der steuerehrliche Anleger mit der Anlage in Luxemburger Fonds nur die Zinsabschlagsteuer legal vermeiden und damit den Termin der endgültigen Versteuerung verschieben.

Es ist gut möglich, daß in Zukunft die klassischen Aktien-, Renten- und offenen Immobilienfonds eine Renaissance erleben, denn einige spezielle Fonds können durchaus als Modeerscheinungen angesehen werden.

1. Aktienfonds: Für mutige Anleger

Nur 5 Prozent des Geldvermögens stecken die deutschen Anleger in Aktien. Bei der Geldanlage dominieren festverzinsliche Wertpapiere, Banksparen und Kapital-Lebensversicherungen. Aktien werden wegen des höheren Risikos gemieden, die entsprechend höheren Chancen und damit höheren Renditeaussichten bleiben ungenutzt. Zumindest langfristig, also bei einer Anlagedauer von 10 oder 20 Jahren, schneiden Direktanlagen in Aktien aber besser ab als beispielsweise Anleihen oder Festgelder.

Bei den Investmentfonds verhalten sich die Deutschen ähnlich. Mit einem Anteil von 80 Prozent am gesamten Vermögen aller deutschen und luxemburgischen Publikumsfonds liegen die Rentenfonds, die ja im Prinzip nichts anderes als Fonds mit Anleihen und anderen Zinsanlagen sind, weit vorne. An zweiter Stelle – noch vor den Aktienfonds – rangieren die offenen Immobilienfonds mit einem Anteil von 12 Prozent. Aktienfonds bringen es auf nur bescheidene 8 Prozent. Dies waren Ende Dezember 1992 gerade einmal 19 Milliarden DM.

Mit der Anzahl von Aktienfonds kann das geringe Interesse nicht zusammenhängen. Allein 150 Inlandsfonds sind Aktienfonds. Hinzu kommen noch 40 gemischte Fonds, die ebenfalls einen hohen Aktienanteil besitzen. Ganz zu schweigen von der Fülle an Auslandsfonds, die in Aktien investieren.

Sicherlich haben sich die Aktienfonds im Jahr 1992 nicht mit Ruhm bekleckert. Bei sinkenden Aktienkursen konnten Wertverluste in teilweise zweistelliger Höhe nicht ausbleiben. Doch es gab auch Gewinner: DB Tiger Fonds und Thornton-Lux Tiger Fund – beides Luxemburger Fonds der Deutschen Bank und der Dresdner Bank – legten mit zweistelligen Steigerungsraten zu.

Mehr als bei allen anderen Investmentfonds kommt es bei Aktienfonds auf die Wahl des richtigen Zeitpunkts für den Einstieg und den späteren Ausstieg an. „Im Tief kaufen, lange halten und im Hoch verkaufen" – so einfach diese Anlageregel klingt, so schwer ist sie im Einzelfall zu verwirklichen. Die größten Enttäuschungen mußten die Fondsanleger erleben, die ihre Anteile an Aktienfonds im Hoch kauften, nur kurze Zeit hielten und dann mit hohem Verlust im nächsten Tief verkauften. Geduld und Ausdauer zahlen sich aber gerade bei Aktienfonds aus.

Aktienfonds bieten mehr Risikostreuung als Direktanlagen in Aktien

Schon 1868, bei der Gründung der ersten Investmentgesellschaft in England, hieß es im Gründungsprospekt: „Das Ziel der Gesellschaft ist, den kleinen Sparern dieselben Vorteile zu verschaffen wie den Reichen, indem das Risiko durch Streuung der Kapitalanlage auf eine Anzahl verschiedener Aktien vermindert wird."

Risikostreuung ist auch für heutige Aktienfonds oberstes Gebot. Daher sind Aktienfonds für risikoscheue Anleger, die dennoch Aktien kaufen wollen, ein ideales Anlageinstrument. Das typische Risiko bei der Direktanlage, bei einer Aktiengesellschaft auf das falsche Pferd zu setzen, wird bei Aktienfonds auf viele Aktiengesellschaften verteilt. Dies bringt zwar auch bei Gewinnen keine extremen Ergebnisse, doch die Möglichkeit eines sehr hohen oder eines völligen Verlustes wird ausgeschlossen.

Wer das ständige Sich-Informieren über weltpolitische und konjunkturelle Entwicklungen zu mühsam findet und sich mit der Entscheidungsfindung aus unzähligen Börsentips schwertut, findet in einem Aktienfonds eine vorteilhafte Anlagealternative.

Sie können Ihr Risiko durch den Kauf mehrerer Aktienfonds weiter verringern. So ist es Ihnen möglich, jederzeit in bestimmten Ländern, Branchen oder Märkten zu investieren. Beispiele: deutsche Standardwerte, deutsche Spezialwerte, internationale Aktien, Aktien bestimmter Länder, Rohstoff- und Technologieaktien.

Die meisten Fondsanteile werden über Banken an den Anleger gebracht. Beim Fondskauf bei Ihrer Hausbank sollten Sie berücksichtigen, daß jede Bank verständlicherweise zuerst ihre hauseigenen Fonds verkaufen möchte. Beispielsweise die Deutsche Bank die DWS-Aktienfonds Investa, Provesta, Akkumula oder die Dresdner Bank die DIT-Aktienfonds Concentra, Thesaurus, DIT-Fonds für Vermögensbildung. Die Commerzbank schwört auf ADIG-Aktienfonds Adiverba, Adifonds, Fondak und Fondis, während die Sparkassen den Deka-Fonds und AriDeka wärmstens empfehlen.

Bestimmen Sie aber immer selbst, welchen Aktienfonds Sie kaufen wollen. Dafür müssen Sie nicht Ihre Bank wechseln. Auch wenn es die Banken nicht gerne tun, sie können auch die Fondsprodukte der Konkurrenzgesellschaften vermitteln, wenn sie darauf angesprochen werden. Beißen Sie jedoch auf Granit, sollten Sie sich unmittelbar an die Fondsgesellschaft wenden und dort Anteile erwerben. Adressen der Investmentgesellschaften finden Sie ab Seite 145.

Immer mehr freie Vermittler bieten ihren Kunden vor allem Aktienfonds an. Dies macht besonders Sinn, wenn es sich um Auslandsfonds handelt, die an hiesigen Bankschaltern nicht erhältlich sind. Hüten Sie sich aber vor nebenberuflichen Feierabendvermittlern, die „ihre" Aktienfonds als die besten preisen, weil sie in einer willkürlich gewählten Periode in der Vergangenheit einmal sehr gut abgeschnitten haben.

Informieren Sie sich beim Hinweis auf „sagenhafte" Renditen vorher genau, in welche Papiere dieser Aktienfonds investiert, ob er vom Bundesaufsichtsamt für das Kreditwesen kontrolliert oder von dieser Stelle zum Vertrieb in Deutschland zumindest zugelassen wird. Für den Kauf von Anteilen an Aktienfonds müßte die Regel gelten: „Zu Risiken und Nebenwirkungen lesen Sie den Prospekt und fragen Sie Ihren Berater". Das Problem: Der wirklich kompetente und unabhängige Fondsberater, der in die Rolle des Arztes oder Apothekers schlüpft und Ihnen die Packungsbeilage, sprich Verkaufsprospekt und Rechenschaftsbericht, aushändigt, ist leider nur äußerst selten anzutreffen.

Von der Wertentwicklung zur echten Rendite

Da die Fondsanteile aufgrund täglicher Kursschwankungen der Aktien stets neu berechnet werden, schwanken die An- und Verkaufskurse, die auch als Ausgabe- und Rücknahmepreis bezeichnet werden. Die Schwankungsbreite – Fachleute sprechen gerne von der „Volatilität" – der Aktienfonds ist größer als die der Rentenfonds und insbesondere der offenen Immobilienfonds. Die Volatilität wird statistisch mit Hilfe der sogenannten Standardabweichung gemessen.

Schwankungsbreite, Volatilität oder Standardabweichung – es handelt sich hierbei um Methoden, um ein geeignetes Risikomaß zu finden. Fairerweise muß man sagen: um ein Chance-Risiko-Maß, denn Aktienkurse schwanken bekanntlich nach oben und nach unten. Sie haben die Chance auf Kursgewinne und gehen das Risiko von Kursverlusten ein.

Den Unterschied zwischen Ausgabe- und Rücknahmepreis stellt der Ausgabeaufschlag dar. Dieser beträgt bei Aktienfonds meist 5 Prozent und ist praktisch eine Vertriebsprovision. Um diesen Ausgabeaufschlag zu verdienen, bedarf es einiger Zeit und einiger Kurssteigerungen der im Aktienfonds enthaltenen Werte.

Ständig werden in Wirtschaftszeitschriften Übersichten über Fondsergebnisse deutscher Investmentfonds veröffentlicht. Schon mancher Besitzer von Fondsanteilen wurde aus den angegebenen Zahlen nicht recht schlau, wenn er sie mit der Wertsteigerung seiner eigenen Fondsanteile verglich. In der Regel mußte er feststellen, daß – auf Mark und Pfennig gerechnet – seine Anteile hinter der offiziellen Wertentwicklung – von den Fondsmanagern auch „Performance" genannt – zurückblieben.

Der BVI mißt die Wertentwicklung oder Performance für alle seinem Verband angehörenden Investmentfonds, und zwar für einen bestimmten Zeitraum in der Vergangenheit. Diese Wertentwicklungszahlen, die monatlich veröffentlicht werden und kostenlos vom BVI (Bundesverband Deutscher Investmentgesellschaften, Eschenheimer Anlage 28, 6000 Frankfurt 1) bezogen werden können, spiegeln die Managementleistung der Fonds wider. Der Ausgabeaufschlag wird dabei nicht berücksichtigt. Weiterhin wird von einer sofortigen Wiederanlage der ausgeschütteten Beträge zum Anteilswert ausgegangen, und zwar ohne Berücksichtigung einer eventuellen Versteuerung beim Fondsanleger.

Hierzu ein Beispiel für eine Einmalanlage, die über ein Jahr gehalten wird. Die Wertentwicklung für ein Jahr wird anhand folgender Daten berechnet:
- Einmalanlage zum Anteilswert am Anfang der Berechnungsperiode

51

- Ausschüttungsbetrag mit Wiederanlage zum Anteilswert am Tag der Ausschüttung
- Endbewertung zum Anteilswert am Ende der Berechnungsperiode

Kaufdatum: 1.1.1993 Anteilswert: 100,00 DM
Ausschüttung: 1.8.1993 5,00 DM
Anteilswert am Tag der Ausschüttung (angenommen) 110,00 DM
Wiederanlage zum Anteilswert: 5 DM = 0,045 Anteilsbruchteil
Neuer Anteilsbestand am 1.8.1993: 1,045 Anteile
Anteilswert am Jahresende (angenommen) 112,00 DM
Wert des Anteilbestandes am 31.12.1993:
112 DM x 1,045 Anteile = 117,04 DM
Dies ergibt eine jährliche Wertsteigerung von 17,0 Prozent.

Auf diese Weise wird vom BVI Jahr für Jahr die Wertentwicklung für jeden Fonds ermittelt. Selbstverständlich können sich, wie das Jahr 1992 gezeigt hat, bei der Mehrheit der Aktienfonds auch Wertverluste ergeben. Dies geschieht immer, wenn die Kursverluste höher sind als die ausgeschütteten Beträge.

Die gesamte Wertsteigerung für einen Zeitraum von beispielsweise 5, 10 oder 20 Jahren wird vom BVI ebenfalls berechnet, sofern der Fonds schon so lange existierte. Auch dazu ein Beispiel:

1989	+ 8,00 %	→100,00 x 1,08 =	108,00
1990	− 5,00 %	→108,00 x 0,95 =	102,60
1991	+12,00 %	→102,60 x 1,12 =	114,90
1992	− 6,00 %	→114,90 x 0,94 =	108,00
1993	+ 17,00 %	→108,00 x 1,17 =	126,40
		− Einstandswert	−100,00
		Wertsteigerung =	26,40

Die gesamte Wertsteigerung für fünf Jahre beträgt in diesem Beispiel 26,4 Prozent. Um eine durchschnittliche jährliche Wertsteigerung zu berechnen, reicht es nicht, die 26,4 Prozent einfach durch fünf Jahre zu dividieren (26,4 : 5 = 5,3 %) oder das „Mittel" der jährlichen Wertsteigerungen (26 : 5 = 5,2 %) zu nehmen.

Zum exakten Ergebnis unter Berücksichtigung des Zinseszinseffekts kommen Sie, wenn Sie wie folgt vorgehen:

$$\left[\left(26{,}4+\frac{100}{100}\right)^{1/5}-1\right]*100 = [1{,}264^{0{,}2}]*100 = [1{,}048-1]*100 = 4{,}8\,\%$$

Wie groß die Unterschiede zwischen „falscher" Durchschnittsberechnung und „richtiger" durchschnittlicher jährlicher Wertsteigerung ausfallen können, zeigt ein anderes Beispiel. Angenommen, ein Aktienfonds hat in zehn Jahren eine Wertsteigerung von insgesamt 200 Prozent. Falsch wäre es, nun von 20 Prozent (= 200 % : 10 Jahre) pro Jahr auszugehen. Unter Berücksichtigung des Zinseszinseffekts ergibt sich eine – immer noch stolze – durchschnittliche jährliche Wertsteigerung von 11,6 Prozent, wie die folgende Rechnung zeigt:

$$\left[\left(200+\frac{100}{100}\right)^{1/10}-1\right]*100 = [3^{0{,}1}-1]*100 = [1{,}116-1]*100 = 11{,}6\,\%$$

Der „Geldanlage-Berater", ein im Verlag Norman Rentrop erscheinendes Loseblattwerk, geht noch einen Schritt weiter und berechnet unter zusätzlicher Berücksichtigung des Ausgabeaufschlags die echte Anleger-Rendite pro Jahr. Diese sogenannte Rendite (GB) wird aus den Wertentwicklungszahlen des BVI nach folgender mathematischer Formel ermittelt:

$$\textit{Rendite} = \left[\left(W+\frac{100}{A+100}\right)^{1/n}-1\right]*100$$

W = Wertentwicklung des Fonds lt. BVI
A = Ausgabeaufschlag in Prozent
n = Anzahl der zurückliegenden Jahre

Auch hierzu ein Beispiel (deutscher Aktienfonds „Unifonds" vom 31.12.1987 bis 31.12.1992):
Wertsteigerung 60 Prozent in 5 Jahren, Ausgabeaufschlag 5 Prozent

$$Rendite = \left[\left(60 + \frac{100}{5+100}\right)^{1/5} - 1\right] * 100 = [1,5238^{0,2} - 1] * 100 =$$

$$[1,0879 - 1] * 100 = 8,8\%$$

In den Hitlisten der besten Fonds in der Vergangenheit finden Sie deshalb im Kapitel IV sowohl die Rendite (GB) als echte durchschnittliche Anleger-Rendite pro Jahr als auch die Wertentwicklung (BVI) des Fonds für einen bestimmten Zeitraum.

Warum Sie Rennlisten nur mit Vorsicht genießen sollten

Die FCS-Methode des Finanz-Computer-Service von Dieter Reitz aus Erftstadt geht bei der Renditeberechnung für Rentenfonds und offene Immobilienfonds genauso vor wie der „Geldanlage-Berater". Bei Aktienfonds wird das Körperschaftssteuerguthaben jedoch nur als bar zugeflossen und nicht als Zinseszinsträger behandelt. Dadurch ergeben sich nach der FCS-Methode Renditen für Aktienfonds, die um wenige Zehntelpunkte unter den Renditen laut „Geldanlage-Berater" liegen, der eine Wiederanlage der Körperschaftssteuerguthaben zum Anteilswert am Tag der Ausschüttung unterstellt.

Ob BVI-Methode, FCS-Methode oder andere Wertentwicklungs- und Renditeberechnungen – alle Hitlisten für Aktienfonds und andere Investmentfonds sollten Sie mit Vorsicht genießen und dabei auf folgende wichtige Punkte achten:

- Die Vergangenheitsrendite läßt keinen Schluß auf die künftig erzielbare Rendite zu. Meiden Sie daher den „Übertragungsfehler", bei dem in der Vergangenheit erzielte Ergebnisse einfach in die Zukunft fortgeschrieben werden.
- Wertentwicklungszahlen und durchschnittliche Jahresrenditen sollten einen Zeitraum von mindestens fünf Jahren erfassen. Meiden Sie daher den „Kurzzeitfehler", bei dem nur die Ergebnisse von einem Jahr bis zu drei Jahren verglichen werden.
- Die meisten Fonds bestehen noch keine 10 oder 20 Jahre und weisen für diese Zeiträume noch keine Zahlen auf. Meiden Sie den „Langzeitfehler", bei dem nur Aktienfonds in die engere Wahl

gezogen werden, die schon mehr als 10 Jahre auf dem Markt sind.
- Die durchschnittliche Wertentwicklung oder Rendite pro Jahr ist nur ein rechnerischer Durchschnittswert. Meiden Sie daher den „Durchschnittsfehler", bei dem eine gleichbleibende Wertentwicklung unterstellt wird, obwohl die Anteilswerte stark schwanken.
- Wertentwicklungs- oder Renditevergleiche sind nur für gleiche Fondstypen wie deutsche Aktienfonds sinnvoll. Meiden Sie den „Vergleichsfehler", bei dem ein bestimmter Aktienfonds mit einzelnen Fonds aus der Gruppe der Renten- oder offenen Immobilienfonds verglichen wird. So vergleicht man Äpfel mit Birnen.
- Vergangenheitsrenditen bei Aktienfonds hängen ganz entscheidend von der Wahl des Einstiegszeitpunktes ab. Meiden Sie daher den „Basisfehler", bei dem ein bestimmter günstiger Basiszeitpunkt für Aktienfonds – zum Beispiel der 31.12.1982 – zugrunde gelegt wird.
- Vergangenheitsrenditen für Einmalanlagen fallen, je nach Wahl der Berechnungsperiode, besser oder schlechter aus als Vergangenheitsrenditen für Sparpläne. Meiden Sie daher den „Gleichmachfehler", bei dem Sparplanrenditen unbesehen mit Renditen für Einmalanlagen gleichgesetzt werden.

Renditen für Einmalanlagen und Sparpläne mit Aktienfonds

Aktienfonds schneiden langfristig und im Durchschnitt besser ab als Rentenfonds und offene Immobilienfonds. Dieser Satz läßt sich bestätigen, wenn man 10- oder 20-Jahres-Zeiträume zugrunde legt.

Im 10-Jahres-Vergleich von Ende 1981 bis Ende 1991 hat die Einmalanlage bei deutschen Aktienfonds mit Renditen bis zu 15 Prozent die Nase vorn gegenüber Aktienfonds-Sparplänen, bei denen die Renditen zwischen 6 und 12 Prozent liegen. Ebenso deutlich fällt der Renditevorsprung zugunsten der Einmalanlagen bei den BVI-Fonds mit internationalen Aktien aus. So bringt es beispielsweise der Spitzenreiter Akkumula auf 14,6 Prozent bei der Einmalanlage und auf 11,5 Prozent beim Sparplan. Die Ergebnisse für den FT Interspezial, die Nummer zwei in diesem Zeitraum: 12,5 Prozent Rendite bei der Einmalanlage, 9 Prozent beim Sparplan.

Sparpläne mit Aktienfonds liegen jedoch in den 20 Jahren von Ende 1971 bis Ende 1991 vorn. Bei den Aktienfonds mit Anlageschwerpunkt Deutschland erreichen gleich drei Fonds – DIT-Fonds für Vermögensbildung, Concentra und Investa – eine Sparplanrendite von 10,2 Prozent, während sie bei Einmalanlagen über 9,1 Prozent nicht hinauskommen. Fonds mit überwiegend internationalen Aktien kommen im gleichen 20-Jahres-Zeitraum auf Sparplanrenditen zwischen 3,1 (UniGlobal) und 11,2 Prozent (Akkumula). Einmalanlagen rentieren jedoch höchstens mit 8,8 Prozent (Akkumula).

Auszahlungspläne mit regelmäßigen monatlichen Entnahmen sind bei Aktienfonds nicht empfehlenswert, da die Anteilswerte viel stärker schwanken als bei Rentenfonds und offenen Immobilienfonds. Dies zieht den negativen Effekt nach sich, daß bei sinkenden Anteilskursen mehr Anteilsbruchteile verkauft werden müssen.

Die BVI-Schaubilder zu Wertentwicklung und Volatilität, die Sie im Kapitel IV finden, bestätigen eindrucksvoll die bekannte Anlageregel „Je höher die Rendite, desto höher das Risiko". Danach ist das Rendite-Risiko-Niveau bei deutschen Aktienfonds am höchsten und bei offenen Immobilienfonds am geringsten. Bei Aktienfonds ist der Anlageschwerpunkt Deutschland – als nur einem Land im Vergleich zu internationalen Aktienfonds, die ihren Anlageschwerpunkt in ausländischen Aktien besitzen – mit höheren Risiken, aber auch mit höheren Renditen verbunden. Zumindest war dies in dem betrachteten 10-Jahres-Zeitraum von Ende 1982 bis Ende 1992 der Fall.

Deutsche Aktienfonds kontra Deutscher Aktienindex (DAX)

Im Jahr 1991 konnte kein deutscher Aktienfonds den DAX, der gut 12 Prozent zulegte, schlagen. Anders ein Jahr zuvor: Während der DAX fast ein Viertel einbüßte und von 1.800 Punkten auf 1.400 am Ende des Jahres 1991 sank, hielten sich die Verluste bei den deutschen Aktienfonds mit bis zu 13 Prozent noch im Rahmen.

Aktienfonds, die vorwiegend in deutschen Aktien investieren, weisen in aller Regel geringere Wertsteigerungen, aber auch geringere Wertverluste als die Meßlatte DAX auf. Warum dies so ist, zeigt die Aufgliederung des Fondsvermögens. Deutsche Aktienfonds halten ein Barvermögen, das verzinslich angelegt ist und teilweise bis zu 30 Prozent des gesamten Vermögens ausmacht. Bei zweistelligen Aktienkurssteigerungen kommen Aktienfonds mit hohem Barvermögen nicht ganz mit, da die Zinsen selten zweistellige Höhen erreichen. Umgekehrt in Crashphasen an den Aktienbörsen: Zinsgewinne mildern die erlittenen Kursverluste bei den Aktien.

Die Kursschwankungen fallen bei deutschen Aktienfonds dank des Barvermögens demnach geringer aus als beim DAX, der 30 deutsche Standardwerte repräsentiert. Diese eher ausgleichende Wirkung der Fonds dürfte insgesamt für viele Anleger von Vorteil sein.

Allerdings bleibt für den 10-Jahres-Zeitraum von 1982 bis 1992 festzuhalten, daß die deutschen Aktienfonds im Durchschnitt etwas schlechter abschneiden als der DAX. Dies ist der FCS-Graphik auf Seite 104 eindeutig zu entnehmen.

Eine andere Graphik des FCS (Finanz-Computer-Service) zeigt deutlich die Wertschwankungen bei deutschen Aktienfonds. Den fetten Jahren 1985, 1986 und 1989 mit Wertsteigerungen bis zu 40 Prozent stehen magere Jahre wie 1987, 1988 und 1992 mit Wertverlusten bis zu 30 Prozent gegenüber.

Fonds mit deutschen Spezialwerten wie SMH-Special-Fonds, DIT-Spezial und Provesta laufen in Boomzeiten besser als der DAX. Allerdings werden sie in Crashperioden auch stärker gebeutelt. Die weitaus meisten deutschen Aktienfonds investieren jedoch in deutsche Standardwerte. Dazu gehören beispielsweise DIT-Fonds für Vermögensbildung, Concentra, Investa, DekaFonds, Frankfurt-Effekten-Fonds, Adifonds oder UniFonds. Der Adiverba legt über die Hälfte des Fondsvermögens in Aktien von Banken und Versicherungen an. Eine Sonderrolle spielt der DWS-Fonds Bayern Spezial, der sich auf Aktien bayerischer Unternehmen konzentriert.

Internationale Aktienfonds, gemischte Fonds und Auslandsfonds

Aktienfonds mit dem Anlageschwerpunkt Ausland investieren vorwiegend in internationalen Standardwerten. Hierzu zählen Akkumula, Fondis, DekaSpezial, FT Interspezial oder UniGlobal. Das Fondsvermögen dieser internationalen BVI-Fonds beträgt aber nur etwa ein Sechstel der deutschen BVI-Fonds.

Einen ebenso geringen Anteil mit gerade einmal 2 Milliarden DM haben gemischte Fonds, die sowohl in- und ausländische Aktien als auch in- und ausländische Anleihen enthalten. Sie stellen somit eine

Mischung aus Aktien- und Rentenfonds dar. Bei einigen Fonds dieser Gruppe kommt die Bezeichnung „gemischte Fonds" jedoch eher einem Etikettenschwindel gleich. So werden beim Plusfonds über 90 Prozent des Fondsvermögens in deutschen Aktien investiert, und der DWS-Fonds für Wandel- und Optionsanleihen ist mit einem Anteil von 65 Prozent Fremdwährungsanleihen eher den Sonderformen von Rentenfonds zuzuordnen. Eine echte Mischung von deutschen Aktien und deutschen Anleihen enthält hingegen der Fondra, zugleich der größte gemischte Fonds und der älteste deutsche Investmentfonds überhaupt.

Wer einen Blick über die deutsche Investmentlandschaft hinaus wagt, findet ein weites Feld von Auslandsfonds, die teilweise mit Wertsteigerungen aufwarten können, von denen deutsche Fondsmanager nur träumen. So konnte beispielsweise der Putnam Emerging Health Science, der in spezielle Werte des US-Gesundheitssektors investiert, im Jahr 1991 um 100 Prozent zulegen. Der bekannteste Auslandsfonds dürfte der Pioneer II sein, der von freien Vermittlern in Deutschland vertrieben wird.

Ausländische Investmentgesellschaften sind auf den bankenunabhängigen Vertrieb angewiesen, da sie von den deutschen Banken „geschnitten" werden. Teilweise versuchen sie einen eigenen Vertrieb in Deutschland aufzubauen. Die bekanntesten Namen unter den Auslandsfonds sind Templeton, Fleming, Fidelity, Regent, Hill Samuel, Sun Life und Orbitex. Adressen zu diesen und anderen Fondsgesellschaften und deren Vertriebsstellen finden Sie ab Seite 158.

Fast alle Auslandsfonds sind den deutschen Fonds steuerlich gleichgestellt. Dazu zählen die Fonds, die den Vertrieb in der Bundesrepublik beim Bundesaufsichtsamt für das Kreditwesen angemeldet oder einen Repräsentanten in Deutschland benannt haben. Alle oben erwähnten Auslandsfonds gehören zu dieser Kategorie. Sie sollten, in Ihrem eigenen Interesse, nur solche Auslandsfonds kaufen, die vom Bundesaufsichtsamt für das Kreditwesen überwacht werden. Im Zweifel fragen Sie dort nach.

Spezialitätenfonds sind länder- oder branchenorientiert

Spezialitätenfonds legen ihren Anlageschwerpunkt ebenfalls auf ausländische Aktien. Im Gegensatz zu klassischen internationalen Aktienfonds investieren sie vorwiegend in bestimmten Ländern oder Branchen. Diese Konzentration auf Marktsektoren erhöht zwar die Chancen auf überdurchschnittliche Wachstumsraten, im Gegenzug vermindert sich aber die Risikostreuung. Spezialitätenfonds sind daher eher für spekulativ eingestellte Anleger geeignet.

Länderfonds sind schon an ihren Namen zu erkennen. Besonders häufig sind sie bei der Dresdner-Bank-Tochter DIT anzutreffen (siehe DIT-Fonds für Frankreich, Großbritannien, Italien, Schweiz, Iberia).

Regional- und Hemisphärenfonds investieren in Aktien von Unternehmen, die in einer bestimmten größeren Region oder einem bestimmten Erdteil ansässig sind. Dazu zählen Europa-Fonds wie Eurovesta und AriDeka, Amerika-Fonds wie Fondamerika und FT Amerika Dynamik Fonds, Asien-Fonds wie Adiasia und Japan-Fonds wie FT Nippon Dynamik Fonds. Hinzu kommen noch DIT-Pazifikfonds und Australien-Pazifik-Fonds.

Branchenfonds haben sich auf internationale Aktien bestimmter Branchen wie Technologie- oder Rohstoffaktien spezialisiert. Beispiele hierfür sind DIT-Technologiefonds, DWS-Technologiefonds, DIT-Rohstoffonds, DWS-Rohstoffonds und DWS-Energiefonds.

Eine besondere Spezies stellen Umwelt- und Ethikfonds dar. Diese Fonds erwerben Aktien von Unternehmen, die in der Umwelttechnologie besonders stark tätig sind, oder von Unternehmen, die nicht auf dem militärischen Sektor engagiert sind und deren Aufgabenfelder sich mit den fondsspezifischen Auswahlkriterien vereinbaren lassen. Bisher hat nur die Luxemburger Fondsgesellschaft H.C.M.-Lux, eine Tochter der Bayernhypo, zwei Umweltfonds im Angebot: H.C.M. EcoTech und H.C.M. Umweltfonds.

Indexorientierte Aktienfonds und Aktien-Laufzeitfonds mit Garantie

Eigentlich gibt es sie gar nicht – Aktienfonds, die das Geld der Anleger ausschließlich in Aktien von Unternehmen stecken, die allesamt in einem Aktienindex wie dem DAX vertreten sind. Ein theoretisch vorstellbarer „DAX-Fonds" müßte dann 30 deutsche Standardwerte von Allianz bis Veba enthalten, wobei der Allianz-Anteil wie beim

DAX (Deutscher Aktien-Index) immerhin 11 Prozent betragen müßte.

Der Anfang des Jahres 1992 aufgelegte Aktienfonds „Oppenheim DAX-Werte" nähert sich einem reinrassigen „DAX-Fonds" zumindest an. Der DAX soll soweit wie möglich nachgebildet werden, indem die Fondsmittel überwiegend in Standardwerten von im DAX vertretenen Aktiengesellschaften angelegt werden. Der indexorientierte Fonds „Oppenheim DAX-Werte" darf auch nicht im DAX vertretene Aktien sowie Anleihen bis zu einem maximalen Anteil von 25 Prozent erwerben. Ende des Jahres 1992 waren zudem knapp 20 Prozent liquide in Form von Bankguthaben oder Geldmarktpapieren angelegt.

Wenn Sie also nicht den unbedingten Ehrgeiz haben, den DAX zu schlagen, kann ein DAX-orientierter Aktienfonds eine überlegenswerte Anlagealternative sein. Ein weiteres Beispiel ist der Ende Oktober 1992 von der Euroinvest aufgelegte Fonds Direkt DAX.

Fast schon eine Rarität stellt der Luxemburger Fonds „DIT-Lux Vario Garantie" dar. Auch mit diesem Investmentfonds kaufen Sie gewissermaßen den gesamten DAX auf einmal. Das Besondere dieses Fonds: Sie können am Kursaufschwung des DAX teilnehmen, ohne bei fallenden Kursen Ihr Geld riskieren zu müssen. Am Ende der Laufzeit, am 30.9.1996, garantiert die Fondsgesellschaft die Auszahlung von mindestens 100 DM je Anteil. Dies entspricht genau dem anfänglichen Preis, sofern man von dem Ausgabeaufschlag von 3 Prozent einmal absieht. Die Geld-zurück-Garantie des DIT-Lux Vario Garantie wird allerdings damit erkauft, daß der Fondsanleger nur zu 75 Prozent an Kurssteigerungen des DAX beteiligt ist. Entweder werden 75 Prozent des DAX-Anstiegs zwischen Auflegungs- und Auflösungsdatum berechnet oder 75 Prozent des Betrages, um den der DAX während der Fondslaufzeit durchschnittlich über dem DAX-Kurs zur Fondsauflegung stand.

Mit dem DIT-Lux Vario Garantie eng verwandt ist der von der Deutsche-Bank-Gruppe in Luxemburg aufgelegte Aktienfonds Konzept '94. Beim „Konzept '94" handelt es sich ebenfalls um einen Aktien-Laufzeitfonds mit Geld-zurück-Garantie. Wer um die Jahreswende 1991/92 Anteile an diesem Fonds zum Ausgabepreis von 100 DM je Anteil erwarb, erhält Ende 1994 mindestens 100 DM minus Ausgabeaufschlag, also mindestens 97 DM, zurück. Ende 1992 lag der Rücknahmepreis etwa bei 100 DM. Die Mittel werden vorwiegend in deutschen Standardaktien wie den 30 DAX-Werten angelegt. Steigen die Aktienkurse bis Ende 1994, wird der Anleger davon profitieren.

Allerdings sind etwa 6 Prozent an Kosten für die Kursabsicherung von den Gewinnen abzuziehen. Stürzen die Aktienkurse in die Tiefe, bleibt zumindest das eingesetzte Kapital erhalten.

Umbrella-Fonds für Springer

Umbrella-Fonds (umbrella, engl. Regenschirm) sind Fondskonstruktionen nach ausländischem Investmentrecht. Verschiedene „Unterfonds" sind unter dem Umbrella-Fonds als „Oberfonds" gleichsam wie unter einem Regenschirm vereint. Vorteil für den Fondsanleger: Er kann zwischen den angebotenen „Unterfonds" hin- und herspringen (Fachbegriff „switchen"), ohne jedes Mal erneut einen Ausgabeaufschlag bezahlen zu müssen. Hauptanbieter dieser Umbrella-Fonds sind die Fidelity-Funds-Gesellschaft aus Boston und die britische Fleming-Gruppe. Die Fonds dieser Gesellschaften werden – wie bei Auslandsfonds üblich – hauptsächlich von freien Vermittlern vertrieben.

Die Konstruktion der Umbrella-Fonds ist nicht für sicherheitsbewußte Anleger geeignet, die sich hinsichtlich der Risikoverteilung gern auf die Fondsmanager verlassen. Schließlich muß der Anleger selbst entscheiden, welcher Unterfonds zum richtigen Zeitpunkt die besten Kurschancen verspricht. Bei einem Dutzend von Unterfonds fällt die Wahl schon recht schwer.

Andererseits bieten Umbrella-Fonds für risikobereite Anleger enorme Vorteile. Neben der hohen Beweglichkeit besteht die Möglichkeit, unter einer großen Anzahl von Spezialitätenfonds zu wählen, die in engen und regional begrenzten Märkten investieren, wie zum Beispiel in Ländern Südostasiens. Zudem kann er mit einem international erfahrenen Management rechnen, das in den letzten Jahren des öfteren Spitzengewinne erzielen konnte.

Die Mindestanlage bei den genannten Anbietern von Umbrella-Fonds beträgt in der Regel 2.500 Dollar. Der Ausgabeaufschlag bewegt sich um die 5 Prozent.

Bevor Sie sich zum Kauf von Anteilen an einem Umbrella-Fonds entschließen, sollten Sie die Verkaufsprospekte genau studieren, um zu erfahren, in welche Märkte und Länder tatsächlich investiert wird. Von Nutzen ist es, die täglichen Kursbewegungen der Fonds in Wirtschaftszeitungen wie dem Handelsblatt zu verfolgen.

Geklärt werden muß auch, ob die Ausschüttungen kostenlos wiederangelegt werden können und ob eine Kontoführung in DM möglich ist. Schließlich müssen, wie bei anderen Aktienfonds, Ausgabeaufschlag und jährliche Verwaltungsgebühren erfragt werden.

2. Rentenfonds: Für zinsorientierte Anleger

Wertpapiere mit sicheren Zinsen bilden die Basis beim Aufbau des Geldvermögens. Ob Anleihen, Pfandbriefe, Bankschuldverschreibungen oder Bundesschatzbriefe – diese Wertpapiere stellen allesamt reine Zinsanlagen dar. Die Schweizer nennen sie auch Obligationen, Amerikaner und Engländer sprechen von Bonds.

Da die feste Zinseinnahme mit einer gleichbleibenden Rentenzahlung verglichen werden kann, hat das festverzinsliche Wertpapier Rentencharakter. Bei an der Börse gehandelten Festzinspapieren spricht man daher auch von Rentenpapieren, der entsprechende Markt heißt Rentenmarkt – im Gegensatz zum Aktienmarkt.

Nun ist auch klar, was Rentenfonds im Prinzip sind. Sie legen das Geld in Rentenpapieren an. Noch einfacher: Sie kaufen deutsche oder ausländische Anleihen und könnten daher ebensogut „Anleihenfonds" genannt werden.

Wenn Sie Anteile an Rentenfonds erwerben, kaufen Sie also indirekt Anleihen und setzen auf laufende Zinserträge. Zusätzlich hoffen Sie auf Kursgewinne, die immer dann eintreten, wenn das Zinsniveau sinkt. Warum die Gleichung „sinkendes Zinsniveau = steigende Kurse" aufgeht, zeigt ein einfaches Beispiel.

Nehmen wir einmal an, der Bund als größter Anleiheschuldner gibt neue Bundesanleihen mit einem Nominalzins von nur noch 7 Prozent zu einem Kurs von 100 Prozent aus. Selbstverständlich sind dann Käufer von alten Bundesanleihen mit einem Nominalzins von 9 Prozent bereit, für diese Altanleihen einen Preis sprich Kurs von 110 Prozent zu bezahlen.

Umgekehrt gilt die Gleichung „steigendes Zinsniveau = sinkende Anleihekurse". Dazu ein Beispiel aus dem Jahre 1990: Neu ausgegebene Bundesanleihen mit einem Nominalzins von 9 Prozent und einem Kurs von 100 Prozent konkurrierten damals mit Altanleihen, die nur Nominalzinsen von 6 Prozent boten. Wer im Jahr 1990 Anleihen mit 6 Prozent Nominalzins kaufte, tat dies selbstverständlich nur zu gedrückten Kursen um 80 Prozent. Der geringere laufende Zinsertrag wurde also durch einen niedrigen Einstandspreis ausgeglichen.

Da die Manager von Rentenfonds laufend Anleihen kaufen und verkaufen, sind sie vom Zins- und Kursniveau genauso abhängig wie die Direktanleger. Daher müssen sich Rentenfonds auch mit der Direktanlage in Anleihen messen lassen. Der zinsorientierte Anleger wird dabei feststellen, daß Rentenfonds nur in seltenen Fällen eine lohnende Alternative zur Direktanlage in Festzinsanleihen sind.

Der richtige Einstieg in Hochzinsphasen

In Hochzinsphasen wie 1980 bis 1982 und zuletzt 1990 bis 1992 gilt die einfache Anlageregel: „Hohe Zinsen möglichst lange sichern." Wer Währungsrisiken ausschalten möchte und daher nur auf deutsche Anleihen setzt, sollte in Zeiten eines hohen Zinsniveaus einsteigen. Direktanlage in Bundesanleihen oder Kauf von deutschen Rentenfonds, das ist dann die Frage. Also lautet die weitere Anlageregel: „Wenn überhaupt Rentenfonds kaufen, dann in der Hochzinsphase."

Die meisten Rentenfonds-Anleger greifen jedoch gerade dann zu, wenn die Zinsen am Boden liegen. Ausgerechnet in der Tiefzinsphase 1986 bis 1988 setzte ein Run auf deutsche Rentenfonds ein, wie auch die Graphik „Je niedriger der Zins, desto höher die Nachfrage" auf der folgenden Seite eindrucksvoll belegt. Die meisten handelten in der Vergangenheit demnach falsch. Dies ist wohl psychologisch zu erklären oder mit schlechten Ratschlägen von Bankern. Bei Zinsen von 6 Prozent oder weniger für neu ausgegebene Bundesanleihen scheint eine Direktanlage wenig aussichtsreich. Die trügerische Hoffnung lautet: Die Manager von Rentenfonds werden wohl mehr herausholen.

Die schlecht beratenen Anleger, die in Tiefzinsphasen Anteile an deutschen Rentenfonds kaufen, lassen sich auch von hohen Wertsteigerungen der Fonds aus der Vergangenheit blenden. Beispiel: Rentenfonds mit dem Anlageschwerpunkt Deutschland wiesen im Jahr 1986 noch Zuwächse bis zu 9 Prozent auf. Wer aufgrund dieser ansehnlichen Zahlen im Jahr 1987 deutsche Rentenfonds kaufte, mußte zwei Jahre später bitter enttäuscht sein. In 1989 kam der beste Rentenfonds gerade auf 4,5 Prozent. Einige rutschten gar ins Minus ab, da die Kursverluste über den erzielten Zinseinnahmen lagen.

Umgekehrt das Verhalten der meisten Anleger in einer Hochzinsphase. Da die Wertentwicklungszahlen infolge der in der Phase des Zinsanstiegs erlittenen Kursverluste trübe aussehen, halten sie sich von klassischen deutschen Rentenfonds zurück. Während der Umsatz noch 1980 bis 1982 bei Kapitalmarktzinsen bis knapp 11 Prozent drastisch zurückging, stiegen viele Anleger in der Hochzinsphase 1990 bis 1992 auf die neu entwickelten Geldmarkt- oder Laufzeitfonds um. Sie sicherten sich damit zwar die hohen kurzfristigen und mittelfristigen Zinsen, nahmen aber an den hohen Kurssteigerungen für langfristige Anleihen kaum teil. Die bessere Alternative wäre die Direktanlage in Bundesanleihen oder Pfandbriefe mit Restlaufzeiten von mindestens fünf Jahren gewesen.

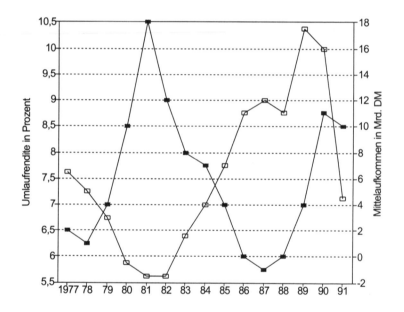

Die meisten handeln falsch: Je niedriger der Zins, desto höher die Nachfrage.
(Quelle: BVI)

Auch der BVI beklagt das falsche Anlegerverhalten bei Rentenfonds: „In Niedrigzinsphasen ist der Absatz auf Rekordhöhe, in Hochzinsphasen halten sich die Anleger dagegen spürbar zurück. Sachlich ist dies nicht zu begründen, denn generell ist eine Anlage in Zeiten hoher Zinsen besonders attraktiv, weil mit sinkenden Zinsen und daraus resultierenden Kurssteigerungen gerechnet werden kann. Soweit die Logik." Und er fährt mit Recht fort: „Doch auch in finanziellen Dingen entscheiden die meisten Menschen viel stärker aus dem Gefühl heraus, als man glaubt."

Schwimmen Sie also gegen den Strom. Setzen Sie mehr auf Logik als auf Psychologie, mehr auf Verstand statt Gefühl, und kaufen Sie Anteile an klassischen deutschen Rentenfonds – wenn überhaupt – in Hochzinsphasen.

Wie Rentenfonds tatsächlich investieren

Rentenfonds ist nicht gleich Rentenfonds. Bei den klassischen Rentenfonds dominiert die mittel- bis langfristige Ausrichtung der Laufzeiten. Die vielfältigen Sonderformen wie Kurzläuferfonds, geldmarktnahe Fonds, Geldmarktfonds und Laufzeitfonds konzentrieren sich hingegen auf kurzfristige Anleihen. Geldmarktnahe Fonds oder Geldmarktfonds, die fast ausschließlich von Luxemburger Fondsgesellschaften deutscher Herkunft angeboten werden, investieren nur in Papiere mit einer durchschnittlichen Restlaufzeit von höchstens einem Jahr. Sie sind in Zeiten hoher kurzfristiger Zinsen als Parkanlage attraktiv. Mit dem Abbau des Zinsniveaus am kurzen Ende werden sie zusehends uninteressanter.

Laufzeitfonds werden am Ende der von vornherein begrenzten Laufzeit aufgelöst. Sofern sie kurz- bis mittelfristige Anleihen kaufen, kommen sie dem ausgeprägten Sicherheitsstreben der Deutschen entgegen. Aber auch hier gilt für Sie: Sinkt das Zinsniveau, so macht es wenig Sinn, sich niedrige Zinsen für eine bestimmte Zeit zu sichern.

Es ist schon erstaunlich: 80 Prozent des gesamten Vermögens der deutschen BVI-Fonds oder fast 200 Milliarden DM entfallen auf Rentenfonds. Darin enthalten sind 100 Milliarden DM auf Luxemburger Fonds, bei denen die Sonderformen der geldmarktnahen- und Laufzeitfonds den Ton angeben. Diese Zahlen gab der BVI Ende Dezember 1992 bekannt.

Der BVI unterscheidet in seiner Statistik zwischen „Rentenfonds Anlageschwerpunkt Deutschland (RD)" und „Rentenfonds Anlageschwerpunkt Ausland (RI)". Der Anzahl nach führen die deutschen Rentenfonds, doch beim verwalteten Fondsvermögen ist die Relation umgekehrt. Rund 42 Milliarden DM sammelten bis Ende 1992 die deutschen BVI-Rentenfonds ein, und 52 Milliarden DM waren es bei den Rentenfonds mit internationalen Anleihen.

Zuletzt ging der Trend jedoch wieder eindeutig hin zu den Rentenfonds mit vorwiegend deutschen Anleihen. So zogen die Fondsanleger im Zeitraum von Januar bis Dezember 1992 per Saldo fast 6 Milliarden DM aus den internationalen Rentenfonds ab, während das Mittelaufkommen bei den deutschen Rentenfonds um 4 Milliarden DM stieg.

Tatsächlich ist aber die Trennung zwischen deutschen und internationalen Rentenfonds kaum exakt durchzuführen, denn für die Eingruppierung werden lediglich die Anlagebedingungen zugrunde gelegt. Doch auch Rentenfonds mit vertraglich bestimmter Ausrichtung auf deutsche Anleihen enthalten DM-Auslands- oder Fremdwährungsanleihen. Beispiel: Beim DVG-Fonds Vario-Rent macht der Anteil an DM-Auslandsanleihen 80 Prozent aus, und der Rentensparfonds enthält zu 60 Prozent Fremdwährungsanleihen. Dennoch zählen diese Fonds in der BVI-Statistik zu den deutschen Rentenfonds.

Ähnlich die Situation bei den internationalen Rentenfonds, die sich stark in deutschen Anleihen engagieren. So betrug beispielsweise beim Oppenheim Inter-Zins K der Anteil an deutschen Anleihen Ende 1992 67 Prozent. Andere internationale Rentenfonds wie der Inter-Renta, der bei der Deutschen Bank vertrieben wird, legen bis zu einem Fünftel des Fondsvermögens liquide in Fest- oder Tagesgeldern an.

Als Anleger mögen Sie dies schon als Etikettenschwindel ansehen. Um sich vor falschen Entscheidungen zu schützen, sollten Sie sich vor dem Kauf von Rentenfonds-Anteilen auf jeden Fall den Emissions- oder Verkaufsprospekt von Ihrer Bank geben lassen und sich darüber hinaus mit Hilfe von Rechenschafts- oder Halbjahresberichten über die aktuelle Zusammensetzung des Fondsvermögens (deutsche Anleihen, DM-Auslandsanleihen, Fremdwährungsanleihen, Barvermögen) informieren. Auch die monatlich kostenlos herausgegebenen BVI-Statistiken geben hierüber Auskunft.

Etwas einfacher haben Sie es bei Rentenfonds, die aufgrund ihrer Vertragsbedingungen oder ihrer dauerhaft verkündeten Anlagepolitik nicht im Ausland, im Fall international anlegender Rentenfonds nicht im Inland anlegen. Beispiele sind der Allianz Rentenfonds als „reinrassiger" deutscher und der SMH-Dollar-Rentenfonds als „reinrassiger" internationaler Rentenfonds.

Andere deutsche Rentenfonds wie Adikur, DekaTresor oder UniKapital sind nicht ohne weiteres als Kurzläuferfonds mit dem Schwerpunkt auf Anleihen mit kurzer Restlaufzeit erkennbar. Auch hier lohnt sich ein Blick in Prospekte und Fondsberichte, die Sie jederzeit von der Fondsgesellschaft oder der Depotbank anfordern können.

Direktanlage in Bundesanleihen schlägt deutsche Rentenfonds

Man kann es drehen, wie man will. Wer Bundesanleihen oder Pfandbriefe ab 10.000 DM Anlagebetrag direkt kauft, fährt damit besser als mit dem Erwerb von Anteilen an deutschen Rentenfonds. Dazu ein Beispiel: Beim Kauf von Bundesanleihen Anfang Oktober 1990 lag die Kaufrendite bei durchschnittlich 9,2 Prozent. Zwei Jahre später hatte das Zinsniveau um mehr als eineinhalb Prozentpunkte nachgegeben. Das heißt: Beim Verkauf Anfang Oktober 1992 erzielte der Direktanleger aus laufenden Zinseinnahmen und inzwischen eingetretenen Kurssteigerungen eine jährliche Rendite nach Kosten von 12 Prozent. Kein einziger deutscher Rentenfonds konnte in diesem Zweijahreszeitraum ein besseres Ergebnis erzielen.

Als Direktkäufer in Hochzinsphasen, wie zuletzt Februar bis August 1992, profitieren Sie nicht nur von der hohen Kaufrendite von 8 bis über 9 Prozent, sondern auch von Kursgewinnen bei sinkendem Zinsniveau. Aus Zinseinnahmen und Kursgewinnen ergibt sich eine Wertsteigerung, die – auf das Jahr bezogen – sehr oft zweistellig ausfällt.

Beim Kauf von Anteilen an deutschen Rentenfonds erwerben Sie zwar auch immer Anleihen mit der aktuellen Marktrendite, wenn auch nur indirekt über einen Fonds. Um die echte Anleger-Rendite zu ermitteln, müssen Sie jedoch bekanntlich die vom BVI angegebene Wertentwicklung um den Ausgabeaufschlag bereinigen. Während Kauf und Verkauf einer Bundesanleihe zusammen knapp 1,2 Prozent an Nebenkosten verursachen, liegt der Ausgabeaufschlag bei klassischen deutschen Rentenfonds mindestens doppelt so hoch.

Hinzu kommt bei Rentenfonds noch der sogenannte Verwässerungseffekt. Geht das Zinsniveau nach unten, kaufen die Fondsmanager bei weiter strömenden Anlegergeldern auch weiterhin Anleihen – jetzt aber zu niedrigeren Zinsen. Zwar muß der Direktkäufer bei der Wiederanlage seiner Zinsen ebenfalls ein gesunkenes Zinsniveau in Kauf nehmen, sein Ursprungskapital bleibt jedoch unverändert und wirft weiterhin die fest vereinbarten Zinsen ab.

Nur wenige deutsche Rentenfonds schlagen den REX-P

Die Wertentwicklung des typischen deutschen Rentenfonds war in der Vergangenheit eher enttäuschend, wenn man einen Zeitraum von 10 oder 20 Jahren zugrunde legt. Meist blieb sie hinter der durchschnittlichen Entwicklung des Rentenmarktes, wie sie im REX-Performance-Index (REX-P) zum Ausdruck kommt, zurück. Der Rentenindex REX-P gilt dabei als Meßlatte für den deutschen Anleihemarkt, ähnlich wie der DAX (Deutscher Aktienindex) für den deutschen Aktienmarkt. Im REX-P sind sowohl die Zinserträge als auch die Veränderungen der Anleihekurse enthalten. Ein Vergleich mit den Wertentwicklungszahlen des BVI ist daher ohne weiteres möglich.

So zeigt ein 10-Jahres-Vergleich, daß nur 3 von 28 deutschen Rentenfonds den REX-P schlagen konnten. Bei einem Zeitraum von 20 Jahren waren es nur 3 von 11, in der 5-Jahres-Periode sogar nur 4 von 44 Fonds.

Der Grund für das schlechtere Abschneiden liegt sicherlich nicht an der besonders schlechten Leistung der Fondsmanager. Schuld sind die „versteckten" laufenden Kosten wie Verwaltungsvergütung und Depotbankgebühr, die mit etwa einem halben Prozent des Fondsvermögens zu Buche schlagen und damit die Wertentwicklung negativ beeinflussen. Wenn aber dieser Kostennachteil nicht durch eine bessere Managementleistung ausgeglichen wird, zieht die Fondsanlage gegenüber der Direktanlage den kürzeren. Dies gilt insbesondere dann, wenn die Direktanlage so problemlos erfolgen kann wie der Kauf von Bundesanleihen oder Pfandbriefen.

Die folgenden Tabellen zeigen die Rendite- und Wertentwicklung von Rentenfonds über einen Zeitraum von 10 beziehungsweise 20 Jahren hinweg. Dabei bedeutet:

* BVI = Bundesverband Deutscher Investment-Gesellschaften (berechnet die Wertentwicklung des Fonds für einen bestimmten Zeitraum ohne Berücksichtigung des Ausgabeaufschlags)
** GB = „Geldanlage-Berater" (berechnet die echte Anleger-Rendite pro Jahr mit Berücksichtigung von Ausgabeaufschlag und Zinseszinseffekt)

10-Jahres-Vergleich: Nur 3 von 28 Rentenfonds schlagen den REX-P

	Fonds	Wertentwicklung (BVI)* für 10 Jahre insgesamt (30.9.82 – 30.9.92)	Rendite (GB)** pro Jahr (30.9.82 – 30.9.92)
1.	Berenberg Universal	118,1	7,9 %
2.	Allianz Rentenfonds	112,1	7,5 %
3.	Gerling Rendite	109,3	7,3 %
	zum Vergleich: REX-P	109,2	7,7 %
4.	Vermögens-Ertrag-Fonds	108,3	7,2 %
5.	Adirenta	105,9	7,2 %
6. bis 28.	weitere 23 deutsche Rentenfonds mit Wertentwicklung bis mind.	84,0	mindestens 6,0 %

20-Jahres-Vergleich: Nur 3 von 11 Rentenfonds schlagen den Rex-P

	Fonds	Wertentwicklung (BVI)* für 20 Jahre insgesamt (30.9.72 – 30.9.92)	Rendite (GB)** pro Jahr (30.9.72 – 30.9.92)
1.	Gerling Rendite	369,9	7,9 %
2.	Adirenta	326,3	7,4 %
3.	FT Interzins	324,5	7,3 %
	zum Vergleich: REX-P	319,5	7,4 %
4.	Deutscher Rentenfonds	311,7	7,2 %
5.	Inrenta	309,9	7,2 %
6. bis 11.	weitere 6 deutsche Rentenfonds mit Wertentwicklungen bis mindestens	285,7	6,8 %

Internationale Rentenfonds für aufgeschlossene Anleger

Rentenfonds mit dem Anlageschwerpunkt Ausland legen in DM-Auslandsanleihen und Fremdwährungsanleihen an. Das fällt dem Direktanleger erfahrungsgemäß schwer, da er die höheren Kosten und Risiken scheut. Hingegen können mit einer Fondsanlage höhere Renditen bei DM-Auslandsanleihen ohne Währungsrisiko oder höhere Zinsen bei Fremdwährungsanleihen durch Ausnutzung des Zinsgefälles zwischen Ausland und Inland erreicht werden.

Die Währungsturbulenzen im September 1992 haben jedoch die Währungsrisiken besonders deutlich gemacht. Vor allem Pfund-, Lira- und Peseten-Anleihen verloren an Wert, und die entstandenen Währungsverluste konnten durch die höheren Zinsen im Ausland bei weitem nicht wettgemacht werden.

Mit Blick auf die vergangenen 5 bis 20 Jahre kann dennoch von einer durchaus guten Wertentwicklung bei internationalen Rentenfonds gesprochen werden. So waren beispielsweise mit dem Inter-Renta Wertsteigerungen von über 121 Prozent im 10-Jahres-Zeitraum (Ende 1982 bis Ende 1992) und von 412 Prozent im 20-Jahres-Zeitraum (Ende 1972 bis Ende 1992) zu erzielen, was unter Berücksichtigung von Ausgabeaufschlag und Zinseszinseffekt zu durchschnittlichen Anleger-Renditen von 7,9 bis 8,3 Prozent pro Jahr führte.

Vergleiche mit Direktanlagen in Fremdwährungsanleihen oder internationalen Rentenindices müssen notwendigerweise hinken, da es ganz entscheidend auf die Gewichtung der fremden Länder und Währungen ankommt. Eine ähnliche Meßlatte wie den deutschen Rentenindex REX-P gibt es international nicht, oder sie ist umstritten.

Zu den Spezialitäten zählen internationale Rentenfonds, die sich auf einen bestimmten Währungsraum oder auf bestimmte Schuldner konzentrieren. So investiert der SMH-Dollar-Rentenfonds vorwiegend in US-Anleihen. Aufgrund der jahrelangen Dollarschwäche konnte dieser Fonds von Ende 1982 bis Ende 1992 nur um insgesamt 69 Prozent zulegen und zählte im 10-Jahres-Vergleich damit zum Schlußlicht. Doch allein im Oktober 1992 erzielte er eine Wertsteigerung von 8 Prozent, da auch der Dollar zu einem Höhenflug ansetzte.

Eine Besonderheit stellt der MAT Japan Furusato Fonds dar, der in japanischen Wandelanleihen anlegt. Schließlich ist der Rendite Spezial der Deutsche-Bank-Tochter DWS zu nennen, der seit Sommer 1991 auf dem Markt ist und bisher etwa 12 Prozent pro Jahr zulegte. Beim Rendite Spezial wird auf Anleihen von Schuldnern gesetzt, deren Bonität nicht als erstklassig eingeschätzt wird. Der Grundsatz „Je höher das Risiko, desto höher die Rendite" soll hier in die Tat umgesetzt werden.

Spar- und Auszahlungspläne mit Rentenfonds nur bedingt empfehlenswert

Wenn Sie Monat für Monat einen Betrag von beispielsweise 100 DM anlegen wollen, scheidet eine Direktanlage in Anleihen schon aus Kostengründen aus. Die hohen Minimumgebühren für den Kauf von umlaufenden Festzinspapieren nagen erheblich an der Rendite oder fressen sie gar ganz auf.

Ein Rentenfonds-Sparplan bietet unbestreitbare Vorzüge: bequeme Anlage, sofortige Wiederanlage der Erträge und automatisch eingebaute Selbstdisziplin. Sie können ein Anlagekonto bei der Fondsgesellschaft einrichten und ermächtigen diese dann zur Abbuchung der monatlichen Sparbeträge. Sie müssen allerdings bereit sein, eine relativ bescheidene Sparplan-Rendite im Vergleich zu anderen Kapitalanlagen zu akzeptieren. Konkurrenzanlagen wie Sparpläne mit offenen Immobilienfonds sowie Banksparpläne werfen zwar in der Regel nicht mehr ab, sie sind aber wegen der geringeren oder ganz fehlenden Kursschwankungen etwas sicherer.

Bei Sparplänen mit deutschen Rentenfonds lagen die Renditen in der Vergangenheit innerhalb folgender Spannen: zwischen 4,2 und 6,3 Prozent bei 10 Jahren, zwischen 6 und 7,1 Prozent bei 15 Jahren und zwischen 6,4 und 7,6 Prozent bei 20 Jahren Anlagedauer. Etwas besser schnitten in den gleichen Zeiträumen Sparpläne mit internationalen Rentenfonds ab: 6 bis 7,7 Prozent bei 10 Jahren, 7,1 bis 8,4 Prozent bei 15 Jahren und 7,4 bis 8,5 Prozent bei 20 Jahren Anlagedauer.

Weil Rentenfonds, ähnlich wie Anleihen, im Vergleich zu Aktien oder Aktienfonds nur relativ geringe Kursschwankungen aufweisen, eignen sie sich zunächst einmal auch für Auszahlungspläne, bei denen beispielsweise monatlich ein fester Betrag vom Investmentkonto entnommen wird. Dabei kann zwischen Kapitalerhalt oder Kapitalverzehr gewählt werden. Da aber gleichbleibende Entnahmen bei sinkenden Anteilswerten mit höheren Anteilskäufen zwangsläufig verbunden sind, macht sich hier der „Cost-average-Effekt" eher negativ bemerkbar. Besser geeignet sind daher Auszahlungspläne mit offenen Immobilienfonds, bei denen die Anteilswerte stetig nach oben gerichtet sind.

Die Zinsbesteuerung macht gerade vor Rentenfonds nicht halt

Sparpläne mit Rentenfonds kommen noch am ehesten für vorsichtige Daueranleger in Frage, die mit ihren gesamten Zinserträgen unterhalb der Freistellungsbeträge von 6.100/12.200 DM (Ledige/Verheiratete) bleiben und somit praktisch keine Steuern zahlen. Gleiches gilt für Einmalanlagen in Renten-Laufzeitfonds, Geldmarktfonds und internationale Rentenfonds. Liegen die ausgeschütteten oder thesaurierten Zinserträge zusammen mit anderen Zinseinnahmen über dem Freistellungsbetrag, sind Rentenfonds nur noch zweite Wahl. Insbesondere bei Grenzsteuersätzen ab 30 Prozent sinkt die Rendite nach Steuern schnell bis auf die Schmerzgrenze. Nach Steuern und Inflation tendiert die Rendite für die Anteile an Rentenfonds dann gegen Null.

Aus steuerlicher Sicht muß hochbesteuerten Anlegern, die ihren Freistellungsbetrag bereits ausgeschöpft haben, vom Kauf von klassischen Rentenfonds abgeraten werden. Begründung: Der weitaus größte Teil der jährlichen Ausschüttung entfällt auf steuerpflichtige Zinserträge. Kursgewinne, die nur bei sinkendem Zinsniveau entstehen, bleiben allerdings steuerfrei. Umgekehrt können Kursverluste bei steigendem Zinsniveau nicht steuerlich abgesetzt werden. Da sich auf lange Sicht Kursgewinne und Kursverluste bei Rentenfonds die Waage halten, wird praktisch der gesamte ausgeschüttete Ertrag zu versteuern sein.

Die in deutschen Depots befindlichen Rentenfonds-Anteile unterliegen mit ihren Ausschüttungen der ab 1993 geltenden Zinsabschlagsteuer. Davon kann sich der Fondsanleger, der mit seinen Zinserträgen unter dem Freistellungsbetrag liegt, befreien lassen, indem er der Fondsgesellschaft oder seiner Bank einen Freistellungsauftrag erteilt.

Unter den Rentenfonds gibt es auch thesaurierende Fonds, die ihre Erträge nicht ausschütten, sondern automatisch reinvestieren. Gleichwohl unterliegen die Erträge von thesaurierenden deutschen Rentenfonds der Zinsabschlagsteuer. Es wird so getan, als ob die Zinserträge dem Anleger am Ende des Geschäftsjahres zugeflossen wären. Auf Antrag werden die unberechtigt eingezogenen Beträge erstattet.

Bei Luxemburger Rentenfonds wird bekanntlich keine Zinsabschlagsteuer erhoben. Dabei darf jedoch nicht vergessen werden, daß die Zinserträge dennoch grundsätzlich steuerpflichtig und in der Anlage KSO zur Einkommensteuererklärung anzugeben sind. Sie sind nur von der Zinsabschlagsteuer befreit, nicht aber von der auch für ausländische Kapitalerträge geltenden deutschen Einkommensteuer.

3. Offene Immobilienfonds: Für vorsichtige Anleger

Zu einer ausgewogenen Vermögensstreuung gehört auch der Haus- und Grundbesitz. Die Immobilie bietet als klassischer Sachwert Inflationsschutz und wirft laufende Mieterträge ab, sofern sie nicht selbst genutzt wird. Bei den meisten Bundesbürgern beschränkt sich der Immobilienbesitz auf das selbstbewohnte Einfamilienhaus oder die eigengenutzte Eigentumswohnung. Die eigentliche Kapitalanlage in Wohn- oder Gewerbe-Immobilien bleibt dem Durchschnittsanleger verschlossen.

Die Direktanlage in Mietobjekte übersteigt in vielen Fällen die finanzielle Kraft des einzelnen Anlegers. Auch Bauträgermodelle für vermietete Neubau-Eigentumswohnungen oder geschlossene Immobilienfonds mit vermieteten Bürohäusern und Einkaufsmärkten kommen wegen des geforderten Mindestkapitals oft nicht in Frage. Zudem haben direkt erworbene Mietobjekte, Bauträgermodelle oder geschlossene Immobilienfonds einen entscheidenden Nachteil: Sie sind im wahrsten Sinne des Wortes immobil, da die erworbenen Immobilien oder Miteigentumsanteile nicht jederzeit kapitalisiert werden können.

Mobil und sicher sind Sie jedoch mit Anteilen an offenen Immobilienfonds. Da die Anteilscheine im Gegensatz zu Beteiligungen an geschlossenen Immobilienfonds jederzeit zurückgegeben werden können, vereinigen offene Immobilienfonds die Vorteile der Immobilienanlage mit denen eines Wertpapiers. Die Bezeichnung offene Immobilienfonds kommt daher, daß die Fonds für neue Anleger offen sind und die Anzahl der Anteile nicht begrenzt ist. Neu hereinkommende Gelder werden für den Kauf oder die Entwicklung neuer Objekte verwandt. Das Fondsvermögen ist also keine feststehende Größe.

Zwei Drittel des Fondsvermögens in Gewerbe-Immobilien

Offene Immobilienfonds legen das Geld zu mehr als zwei Dritteln in Gewerbe-Immobilien, also geschäftlich genutzten Grundstücken und Gebäuden, an. Weniger als 1 Prozent des Fondsvermögens entfällt auf Mietwohnhäuser, da die laufende Mietrendite bei Wohnimmobilien üblicherweise etwa einen Prozentpunkt unter der von Gewerbe-Immobilien liegt. Bei Gewerbeimmobilien liegt der Jahresreinertrag bei 5 bis 6 Prozent der Investitionskosten, während der freifinanzierte Mietwohnungsbau nur 4 bis 5 Prozent an Netto-Mietrendite abwirft.

Fast 30 Prozent des Fondsvermögens werden als liquide Mittel gehalten, um genügend Geld für Ankäufe und Bauvorhaben zu besitzen. Nach dem Gesetz über Kapitalanlagegesellschaften (KAGG) muß jeder offene Immobilienfonds mindestens 5 Prozent als Liquiditätsreserve nachweisen. Diese Reserve dient dazu, jederzeit Investmentanteile zurückkaufen zu können, ohne gezwungen zu sein, Mietobjekte oder Grundstücke zu verkaufen.

Da der Anteil der liquiden Mittel bis zu 40 Prozent des Fondsvermögens gehen kann, handelt es sich bei offenen Immobilienfonds eigentlich um eine Kombination der beiden Anlageformen Immobilien (hier als Gewerbeimmobilien mit zwei Dritteln) und Zinspapieren (hier als kurzfristige Gelder bei der Bank mit einem Drittel).

Mäßige, aber sichere Renditen mit Anteilen an offenen Immobilienfonds

Die Rendite speist sich bei offenen Immobilienfonds aus zwei Quellen – laufende Miet- und Zinseinnahmen einerseits und Wertsteigerung bei den Gewerbe-Immobilien andererseits. Hohe kurzfristige Zinsen und hohe Wertsteigerungen haben im Jahr 1992 bei der Hälfte aller Immobilienfondsgesellschaften zu zweistelligen Zuwächsen geführt. Diese Traumergebnisse dürften aber in den nächsten Jahren bei sinkenden kurzfristigen Zinsen und einer Beruhigung des Preisauftriebs für

Gewerbe-Immobilien nicht mehr zu erzielen sein. Mit nachlassender Konjunktur werden auch Mieten und Preise bei geschäftlich genutzten Mietobjekten nur noch gering steigen oder vielleicht gar leicht fallen.

Der Blick auf die Spitzenergebnisse in der vergangenen Hochzinsphase von 1990 bis 1992 und in der Boomphase für Gewerbeimmobilien von 1987 bis 1992 darf nicht zu der irrigen Annahme verleiten, daß in Zukunft ebenfalls zweistellige Wertzuwächse zu erwarten seien. Wichtiger ist die Erkenntnis, daß auf lange Sicht mit Anteilen an offenen Immobilienfonds bestenfalls echte Anleger-Renditen zwi-schen 6 und 7 Prozent erzielt werden können. Dies zeigt die Rendite-Tabelle für die acht Fonds, die bereits seit über 20 Jahren bestehen.

Zwei Dinge fallen beim Vergleich der Renditeergebnisse in der Vergangenheit auf. Die erzielten Renditen liegen im Durchschnitt etwa einen Prozentpunkt unter dem langjährigen durchschnittlichen Kapitalzins von 7,5 Prozent und befinden sich damit eher auf niedrigem Niveau. Andererseits weisen sie eine bemerkenswerte Stabilität sowohl im Vergleich der acht Fonds als auch im Vergleich der unterschiedlichen Zeiträume auf.

	offene Immobilienfonds	Rendite (GB)* in für einen Zeitraum von				
		20 Jahren (72 – 92)	15 Jahren (77 – 92)	10 Jahren (82 – 92)	5 Jahren (87 – 92)	3 Jahren (89 – 92)
1.	Grundwert-Fonds	7,0 %	7,0 %	6,8 %	6,8 %	7,3 %
2.	Grundbesitz-Invest	6,8 %	6,9 %	6,6 %	6,6 %	7,5 %
3.	Haus-Invest	6,8 %	6,8 %	6,4 %	6,3 %	6,9 %
4.	DespaFonds	6,6 %	6,5 %	6,7 %	6,7 %	7,4 %
5.	DIFA-Fonds Nr. 4	6,2 %	6,3 %	6,4 %	6,4 %	7,4 %
6.	A.G.I.-Fonds Nr. 1	6,1 %	5,7 %	5,5 %	4,9 %	4,8 %
7.	iii-Fonds Nr. 1	5,7 %	6,0 %	6,2 %	6,5 %	7,3 %
8.	iii-Fonds Nr. 2	5,5 %	5,7 %	6,2 %	6,5 %	7,5 %

* GB= „Geldanlage-Berater" (berechnet die echte Anleger-Rendite pro Jahr unter Berücksichtigung von Ausgabeaufschlag und Zinseszinseffekt, als Stichtag wurde der 31.10.1992 zugrunde gelegt)

Wie sich die Rendite beim Einmalanleger zusammensetzt

Am Beispiel des DespaFonds, dem offenen Immobilienfonds der Sparkassen, möchte ich zeigen, wie ein Einmalanleger typischerweise in der Vergangenheit abgeschnitten hat. DespaFonds-Anteile wurden erstmals am 3.11.1967 zum Ausgabepreis von 50 DM pro Anteil ausgegeben. Am 3.11.1992, also 25 Jahre später, lag der Rücknahmepreis bei gut 96 DM.

Diese knappe Verdoppelung des Anteilswertes ist die eine Seite der Medaille. Unter Berücksichtigung des Ausgabeaufschlags und des Zinseszinseffekts ergibt dies gerade einmal eine jährliche Wertsteigerung von durchschnittlich 2,5 Prozent. Dieser Teil der Wertsteigerung ist allein auf die Höherbewertung der Immobilien und damit der Anteilswerte zurückzuführen. Mit anderen Worten: DespaFonds-Immobilien waren im Jahr 1992 doppelt soviel wert wie 25 Jahre zuvor.

Jahr für Jahr hat der DespaFonds jedoch auch Ausschüttungen auf die erzielten Miet- und Zinserträge vorgenommen, die im Durchschnitt gut 4 Prozent pro Jahr ausmachten. Bei einer Wiederanlage der Erträge durch Kauf neuer Fondsanteile oder Anteilsbruchteile konnte sich das eingesetzte Kapital innerhalb von 25 Jahren insgesamt verfünffachen. Die gesamte Rendite des Einmalanlegers setzt sich also zusammen aus:

	Steigerung des Anteilwertes	2,5 %	durchschnittl. p.a.
+	Ausschüttung von Erträgen	+ 4,0 %	durchschnittl. p.a.
	Rendite insgesamt pro Jahr	6,5 %	

Steuerfrei bleibt auf jeden Fall die reine Wertsteigerung beim Anteilswert, sofern zwischen Kauf und Verkauf der Investmentanteile mehr als sechs Monate vergangen sind. Da in den laufenden Erträgen auch steuerfreie Veräußerungsgewinne enthalten sind und steuerliche Abschreibungen gegengerechnet werden können, wird nicht der volle Teil der Ausschüttung steuerpflichtig. Beim DespaFonds ergab sich folgende Aufteilung:

		vor Steuern	nach Steuern
steuerfreie Wertsteigerung		2,50 %	2,50 %
+ Ausschüttung v. Erträgen			
steuerfrei	0,5 %		0,50 %
steuerpflichtig	3,5 %	4,00 %	2,10 %
		6,50 %	5,10 %

(Der Ertrag bei Ausschüttungen nach Steuern wird gerechnet mit: 3,50 % x 0,6 = 2,10 %)

Bei einem persönlichen Grenzsteuersatz von 40 Prozent vermindert sich die Rendite von 6,5 Prozent vor Steuern auf 5,1 Prozent nach Steuern, wenn 40 Prozent der steuerpflichtigen Erträge wegen Überschreitens des Sparerfreibetrages an das Finanzamt abgeführt werden müssen.

Etwa 5 Prozent Netto-Rendite bei voller Versteuerung der Fondserträge sehen in der Tat mager aus. Getreu dem Motto „mäßig, aber regelmäßig" wird die eher bescheidene Rendite durch die hohe Sicherheit versüßt. Denn laufende Mieterträge sind fast ebenso sicher wie eine stetige Aufwärtsentwicklung des Anteilswertes. Insofern ist die Anlage in offenen Immobilienfonds eine der sichersten Anlagen überhaupt. Vorausgesetzt, es gibt in Deutschland auch in Zukunft keine dramatischen Einbrüche bei Gewerbeimmobilien wie zuletzt in Großbritannien und in den USA.

Steuervorteile mit offenen Immobilienfonds

Hochbesteuerte Anleger, die ihre Freistellungsbeträge von 6.100 oder 12.200 DM (Ledige/Verheiratete) bereits ausgeschöpft haben, können mit dem Erwerb von Anteilen an offenen Immobilienfonds ihre Steuerlast zumindest mildern. Da im Durchschnitt die Hälfte der gesamten Wertsteigerung steuerfrei bleibt, liegen die Ergebnisse selbst bei einem Grenzsteuersatz von 50 Prozent noch zwischen 4,6 und 5,4 Prozent, wie die folgende Aufstellung zeigt (entnommen aus: Immobilienfonds 1992, F&V-Finanzverlag GmbH, Berlin):

Durchschnittsergebnisse der Fonds, die seit mindestens 20 Jahren bestehen

Fonds	Wertzuwachs p.a. seit Auflage des Fonds (davon steuerfrei)		durchschnittliches Ergebnis nach Steuern bei einem Grenzsteuersatz von		
			30 %	40 %	50 %
1. Grundwert-Fonds	7,5 %	(41 %)	6,2 %	5,8 %	5,3 %
2. Difa-Fonds Nr. 1	7,2 %	(51 %)	6,2 %	5,8 %	5,4 %
3. iii-Fonds Nr. 1	7,0 %	(51 %)	6,0 %	5,7 %	5,3 %
4. DespaFonds	7,1 %	(45 %)	5,9 %	5,5 %	5,1 %
5. Grundbesitz-Invest	7,1 %	(42 %)	5,9 %	5,5 %	5,0 %
6. A.G.I.-Fonds Nr. 1	6,6 %	(61 %)	5,8 %	5,5 %	5,3 %
7. Haus-Invest	6,9 %	(39 %)	5,6 %	5,2 %	4,8 %
8. iii-Fonds Nr. 2	6,1 %	(50 %)	5,2 %	4,8 %	4,6 %

Einige Anmerkungen zur Tabelle: Die jährlichen Wertsteigerungen wurden nach der BVI-Methode ermittelt, sie sind also nicht um den Ausgabeaufschlag bereinigt. Die echten Anleger-Renditen liegen bei einer Anlagedauer von 20 Jahren etwas darunter. Je länger die An-teile an offenen Immobilienfonds gehalten werden, desto geringer wirkt sich der einmalige Ausgabeaufschlag von 5 bis 5,5 Prozent aus.

Die ermittelten Wertsteigerungszahlen gehen vom 31.12.1991 aus und berücksichtigen die Wertentwicklung der Fonds von der Gründung bis zu diesem Stichtag. Der älteste Fonds, der iii-Fonds Nr. 1, besteht immerhin schon seit Februar 1959.

Weitere steuerliche Informationen über offene Immobilienfonds mit den Jahresergebnissen von 1980 bis 1991 sowie den Porträts aller Immobilienfondsgesellschaften finden Sie in: Immobilienfonds 1992, Jahrbuch aller offenen deutschen Immobilienfonds, F&V-Finanzverlag GmbH, Nürnberger Str. 67, 1000 Berlin 30, Tel. 030/210631 (Preis der Broschüre 50 DM für Nichtabonnenten).

Die eigentlich steuerpflichtigen Erträge der offenen Immobilienfonds bleiben im übrigen völlig von der Steuer verschont, wenn sie zusammen mit anderen Kapitalerträgen unter dem Freistellungsbetrag von 6.100/12.200 DM liegen und den Fondsgesellschaften oder Banken ein entsprechender Freistellungsauftrag vorliegt.

Spar- und Auszahlungspläne mit offenen Immobilienfonds

Alle Fondsgesellschaften bieten Sparpläne an, mit denen Stück für Stück ein sicheres Vermögen aufgebaut werden kann. Der Mindestsparbetrag beträgt in der Regel 100 DM pro Monat. Der Grundwert-Fonds gibt sich auch mit 50 DM pro Monat und mindestens 600 DM im Jahr zufrieden, und die beiden DIFA-Fonds stellen die Sparbeträge ins Belieben des Anlegers. Die echten Anleger-Renditen lagen in der Vergangenheit bei Sparplänen mit offenen Immobilienfonds zwischen 5,1 und 6,6 Prozent. So wurden aus 100 DM monatlicher regelmäßiger Einzahlung nach 20 Jahren knapp 49.000 DM beim Grundbesitz-Invest (Zeitraum Ende 1971 bis Ende 1991). Der beste offene Immobilienfonds in der Vergangenheit, der Grundwert-Fonds, brachte dem Dauersparer mit 100 DM monatlich am Ende von zehn Jahren gut 16.500 DM ein. Wohlgemerkt, vor Steuern und Inflation.

Gegenüber klassischen Kapital-Lebensversicherungen schneiden Sparpläne mit offenen Immobilienfonds renditemäßig kaum besser ab. Außerdem fehlt der bei Lebensversicherungen automatisch eingebaute Versicherungsschutz für die Hinterbliebenen im Falle des Todes des Versicherten. Andererseits bietet der Fondssparplan gegenüber der Kapital-Lebensversicherung den Vorteil, daß der Anleger jederzeit wieder aussteigen und darüber hinaus relativ sicher sein Endkapital berechnen kann. Die vielbeschworenen Steuervorteile der Kapital-Lebensversicherung fallen dann nicht mehr ins Gewicht, wenn die steuerlich abzugsfähigen Vorsorgehöchstbeträge bereits ausgeschöpft sind und die Fondserträge im Rahmen des Freistellungsbetrages bleiben.

Offene Immobilienfonds eignen sich insbesondere für Auszahlungspläne, da es praktisch keine Schwankungen der Anteilspreise nach unten gibt. Auszahlungspläne – auch Entnahmepläne genannt – können bei allen Investmentgesellschaften abgeschlossen werden. Die geforderten Anlagesummen liegen zwischen 10.000 DM und 50.000 DM, oft handelt es sich dabei aber nur um Zahlen zur Orientierung.

Bei einer Einmalzahlung von beispielsweise 100.000 DM und einer gewünschten monatlichen Auszahlung von 500 DM bleibt Ihr eingesetztes Kapital praktisch erhalten, sofern Sie eine durchschnittliche Rendite von 6,2 Prozent erzielen. Monat für Monat werden für 500 DM zwar Fondsanteile verkauft, wobei sich die Fondsgesellschaft hierzu Ihres Kapitals bedient. Mit der jährlichen Wiederanlage der Fondserträge wird Ihr Kapital aber wieder auf den alten Stand gebracht.

Verkauf von Fondsanteilen zwecks Finanzierung der monatlichen Entnahmen sowie Kauf von Fondsanteilen aus der Wiederanlage der jährlichen Ausschüttungen – dies ist das Prinzip des Auszahlungsplanes ohne Kapitalverzehr. Nur wenn die laufenden Entnahmen höher sind als die laufenden Erträge einschließlich der Wertsteigerungen, vermindert sich Ihr Kapital.

Keine schwere Wahl bei nur 12 offenen Immobilienfonds

Die ursprünglich für die Wertpapieranlage entwickelte Investmentidee wird bei offenen Immobilienfonds konsequent auf Immobilien übertragen. Daher zählen diese in Immobilien investierenden Fonds genauso wie die Wertpapierfonds zu den Investmentfonds. Alle deutschen offenen Immobilienfonds werden vom Bundesaufsichtsamt für das Kreditwesen kontrolliert. Die Bewertung der Objekte erfolgt durch mindestens drei Gutachter. Dabei bedienen sich diese Gutachter der Ertragswertmethode. Das heißt, es wird der Jahresreinertrag ermittelt und dieser dann mit einem bestimmten Faktor multipliziert.

Beispiel: Der Jahresreinertrag beträgt 20 Millionen DM. Bei einer angenommenen Netto-Mietrendite von 5 Prozent muß dieser Jahresreinertrag mit 20 multipliziert werden, um den Ertragswert der Immobilien zu errechnen. In diesem Beispiel beträgt der Wert der Immobilien dann 240 Millionen. Steigt der Jahresreinertrag, muß bei gleicher Netto-Mietrendite logischerweise auch der geschätzte Wert der Immobilien steigen.

Zu den acht offenen Immobilienfonds, die bereits seit über 20 Jahren auf dem Markt sind, kommen noch vier Fonds hinzu, die erst in den Jahren 1985 bis 1989 aufgelegt wurden. Die Wahl unter diesen insgesamt zwölf Fonds dürfte nicht schwerfallen, da die Wertentwicklungen und Renditen auf längere Sicht nur wenig auseinanderklaffen. Im Zweifel ist dem Fonds der Vorzug zu geben, der schon relativ lange besteht und ein hohes Fondsvermögen besitzt. Nimmt man noch die Vergangenheitsrenditen für Einmaleinlagen hinzu, schälen sich vor allem drei Fonds als Favoriten heraus: Grundwert-Fonds von der

Dresdner Bank, Grundbesitz-Invest von der Deutschen Bank und DespaFonds von der Sparkassenorganisation. Die folgende Tabelle ist nach der Höhe des Fondsvermögens geordnet.

offene Immobilien-fonds	Fondsvermögen am 31.12.92 in Mrd. DM	Auflegungsjahr	Anlegerrendite p.a. für 10 Jahre (31.12.82 – 31.12.92)
1. Grundwert-Fonds 1	6,8 Mrd.	1972	6,9 %
2. DespaFonds	4,8 Mrd.	1967	6,7 %
3. Grundbesitz-Invest	4,5 Mrd.	1970	6,6 %
4. DIFA-Fonds Nr. 1	3,2 Mrd.	1966	6,4 %
5. iii-Fonds Nr. 1	1,8 Mrd.	1959	6,7 %
6. Haus-Invest	1,7 Mrd.	1972	6,4 %
7. iii-Fonds Nr. 2	1,3 Mrd.	1965	6,6 %
8. DIFA-Grund	0,6 Mrd.	1985	–
9. WestInvest 1	0,5 Mrd.	1989	–
10. A.G.I.-Fonds Nr. 1	0,4 Mrd.	1971	4,9 %
11. BfG ImmoInvest	0,3 Mrd.	1989	–
12. Hansaimmobilia	0,2 Mrd.	1988	–

Sicherheit steht an oberster Stelle

Sicherheitsorientierte Anleger, die eine Direktanlage in Immobilien oder die Beteiligung an geschlossenen Immobilienfonds scheuen, gehen mit Anteilen an offenen Immobilienfonds auf Nummer Sicher. Sie sparen Geld, Zeit und Nerven und sind dennoch – zumindest scheibchenweise – Immobilienbesitzer. Mit dem „Grundbesitz in der Brieftasche" sind Sie steuerlich einem Anleger in Zinspapieren oder Aktien gleichgestellt, denn Sie erzielen Einkünfte aus Kapitalvermögen und nicht aus Vermietung und Verpachtung.

Sicher sind die deutschen offenen Immobilienfonds auch deshalb, weil die Objekte fast zu 100 Prozent mit Eigenkapital, also dem von den Anteilseignern zur Verfügung gestellten Geld, finanziert werden. Damit bei einem Run auf die Kassen der Immobilienfonds keine Objekte verschleudert werden müssen, kann die Fondsleitung unter gewissen Umständen zeitlich begrenzt die Rücknahme der Anteilsscheine aussetzen. Hier findet die 100prozentige Verfügbarkeit ihre Grenzen. Allerdings ist es in der Vergangenheit zumindest in Deutschland noch nicht zu dieser Notaktion gekommen.

Ganz anders sah die Lage bei dem holländischen Immobilienfonds Rodamco im September 1990 aus. Die Fondsgesellschaft mußte die – freiwillig übernommene – Rücknahmeverpflichtung zum Inventarwert der börsennotierten Anteile einstellen, weil die Rückgaben infolge dramatischer Wertverluste überhandnahmen. Dieser Fonds, der Rodamco-Aktien statt Investmentanteile ausgibt und daher mit einem deutschen offenen Immobilienfonds nicht direkt vergleichbar ist, wurde zum Gefangenen seiner eigenen Strategie: Die Werte der Immobilien wurden nicht – wie in Deutschland üblich – exakt nach den realisierten Mieteinnahmen ermittelt, sondern zu hoch angesetzt. Diese Höherbewertung versuchten viele Anleger durch die Rückgabe der Anteile auszunutzen. Inzwischen liegen die Rodamco-Kurse auf einem Niveau, das wieder unter dem geschätzten inneren Wert der Immobilien liegt. Spekulative Anleger sehen darin eine gute Einstiegschance.

Zählen Sie sich zu den vorsichtigen Anlegern, werden Sie deutsche offene Immobilienfonds den Fonds aus der Schweiz, aus Luxemburg oder Holland vorziehen. Gleich mehrere Sicherheiten sind eingebaut: Kontrolle durch das Bundesaufsichtsamt für das Kreditwesen, Transparenz durch den BVI sowie renommierte Institute als Depotbanken. Darüber hinaus können Sie die Höhe der aktuellen Ausgabe- und Rücknahmepreise dem Wirtschaftsteil der überregionalen Tageszeitungen entnehmen. Die große Sicherheit hat jedoch auch ihren Preis: die relativ geringe Rendite, die in den seltensten Fällen über 7 Prozent hinausgeht. Gerade bei offenen Immobilienfonds bewahrheitet sich der Satz „Je geringer das Risiko, desto geringer die Rendite".

4. Sonderformen: Für Spezialisten

Neben den klassischen Aktien- und Rentenfonds haben sich in jüngster Zeit eine Reihe von Sonderformen etabliert. Teils weisen sie eine Nähe zu Rentenfonds auf, da sie in reinen Geldwertanlagen investieren. Zu diesen Fonds zählen eindeutig Kurzläuferfonds, geldmarktnahe

Fonds, Geldmarktfonds und Zerofonds. Doch auch die meisten Laufzeit- und Garantiefonds stellen nichts anderes als spezielle Rentenfonds dar. Dabei wenden sich diese relativ jungen Fondsarten, die zum allergrößten Teil als Luxemburger Fonds deutscher Herkunft an den Mann gebracht werden, vor allem an den vorsichtigen und stark sicherheitsorientierten Anleger.

„Wer gut schlafen will, kauft Anleihen – wer gut essen will, kauft Aktien." Den zweiten Teil dieses alten und nicht mehr ganz richtigen Spruches versuchen andere Sonderformen zu verwirklichen. Dazu zählen Dachfonds („Fonds für Fonds"), Optionsscheinfonds, Fonds für Wandel- und Optionsanleihen sowie Futures-Fonds. Diese Fonds enthalten bewußt auch spekulative Elemente und sind daher für risikofreudige Anleger gedacht, die eine doppelte Chance suchen, aber auch ein doppeltes Risiko eingehen. Beispiel Optionsscheinfonds: Steigen die Aktienkurse, werden die Anteilswerte stark anziehen. Im umgekehrten Falle sind hohe Verluste vorprogrammiert.

Die Qual der Wahl in einer immer unübersichtlicher werdenden Fülle von Investmentfonds läßt sich mit Fonds-Picking und Fonds-Policen weitgehend vermeiden. Fonds-Picker wählen für die Anleger je nach Risikobereitschaft in- oder ausländische Fonds aus und betreiben praktisch eine Vermögensverwaltung durch Fonds. Bei der Fonds-Police handelt es sich um eine automatisch eingebaute Kombination von Investmentfonds und Risiko-Lebensversicherung. Diese fondsgebundenen Lebensversicherungen bevorzugen für den Anlageteil fast immer Aktienfonds.

Auch in Zukunft werden weitere Sonderformen ins Kraut schießen, ohne jedoch die klassischen Aktien- und Rentenfonds vom Markt verdrängen zu können. Dabei werden möglicherweise auch Spekulationen mit Netz eine stärkere Rolle spielen. Das Prinzip ist einfach: Der größte Teil des Fondsvermögens wird in sicheren Zinspapieren wie Zerobonds angelegt, während der kleinere Teil für spekulative Termingeschäfte wie Optionen und Futures verwandt wird. Beispiele für diesen dritten Weg zwischen totaler Sicherheit und hohem Risiko sind Futures-Fonds mit Kapitalerhaltungsgarantie. Eine Spekulation mit Netz ist jedoch auch mit Aktien-Laufzeitfonds wie den Luxemburger Fonds Konzept '94 und DIT-Lux Vario Garantie möglich, die eine Geld-zurück-Garantie für den Fondsanleger bieten.

Kurzläuferfonds, geldmarktnahe Fonds und Geldmarktfonds

In Zeiten hoher kurzfristiger Zinsen haben Festgelder Hochkonjunktur. Als attraktive Alternative bieten sich Kurzläuferfonds, geldmarktnahe Fonds und Geldmarktfonds an. Diese speziellen Rentenfonds investieren in kurzlaufenden Anleihen und Geldmarktpapieren. Sie eignen sich daher für geparkte Gelder. Relativ geringe Kursrisiken, geringe Ausgabeaufschläge von meist nur 0,5 bis 1 Prozent sowie geringe Mindestanlagebeträge zählen zu ihren Stärken. Andererseits sind hohe Kursgewinne bei sinkendem Zinsniveau selten zu erzielen.

Kurzläuferfonds legen die Gelder in Festzinsanleihen mit kurzen Restlaufzeiten von 1 Jahr bis zu 3 Jahren und in variabel verzinslichen Anleihen, den sogenannten Floatern, an. Deutsche Kurzläuferfonds wie UniKapital, Basis-Fonds oder Deutscher Rentenfonds K (K wie Kurzläufer) legten zwar im Jahr 1992 zweistellig zu. Im 5-Jahres-Zeitraum von Ende 1987 bis Ende 1992 kamen sie jedoch nur auf durchschnittliche Anleger-Renditen von knapp 7 Prozent. Der Grund: In Phasen steigender Zinsen wie 1989 und Anfang 1990 konnten sie Kursverluste ebensowenig ausschließen wie Langläufer, die auf langfristige Festzinsanleihen setzten.

Geldmarktnahe oder geldmarktähnliche Fonds, auch als Quasi-Geldmarktfonds bezeichnet, legen zwar auch über die Hälfte in Anleihen mit kurzer Laufzeit an. Sie dürfen aber bis zu 49 Prozent des Fondsvermögens in Geldmarktpapiere wie kurzfristige Schatzwechsel der Regierungen investieren.

Bereits im Juli 1988 legte die Luxemburger Tochter der Deutschen Bank DBIM den DM-Reserve-Fonds als ersten geldmarktnahen Fonds auf. Die Wertsteigerungen können sich durchaus sehen lassen: 9,6 Prozent im Jahr 1989, 10,6 Prozent ein Jahr später, 9,3 Prozent in 1991, und 1992 waren es immerhin 8,3 Prozent. Auch unter Berücksichtigung des einprozentigen Ausgabeaufschlags betrug die echte Anleger-Rendite im Durchschnitt dieser vier Jahre 9,2 Prozent.

Reinrassige Geldmarktfonds legen das gesamte Fondsvermögen in kurzfristigen Geldmarktpapieren an. Diese reinen Geldmarktfonds sind in den USA und Frankreich sehr beliebt, aber in der Bundesrepublik noch nicht erlaubt. Daher werden sie dem deutschen Anleger nur über Luxemburger Fondsgesellschaften angeboten.

Je niedriger das Niveau der kurzfristigen Zinsen liegt, desto mehr verlieren Kurzläuferfonds, geldmarktnahe Fonds und Geldmarktfonds an Attraktivität. Untrügliche Signale hierfür sind sinkende Leitzinsen der Deutschen Bundesbank und ein starker Abbau der inversen Zinsstruktur. Die Phase sinkender kurzfristiger Zinsen hat im Herbst 1992 begonnen und dauert in Deutschland sicherlich noch eine Weile an. Für den Einstieg in Rentenfonds mit kurzlaufenden Anleihen oder Geldmarktpapieren ist es dann aber zu spät.

Laufzeitfonds für Terminsparer

Laufzeitfonds sind Investmentfonds, die am Ende einer von vornherein begrenzten Laufzeit wieder aufgelöst werden. In Deutschland wurde die Auflage von Fonds mit begrenzter Laufzeit erst mit der am 1.3.1990 in Kraft getretenen Novelle zum Gesetz über Kapitalanlagegesellschaften (KAGG) möglich. Im Juli 1990, nur wenige Monate danach, legte die Dresdner-Bank-Tochter DIT den ersten Laufzeitfonds auf, den DIT-Laufzeitfonds 1.10.1992. Inzwischen sind alle anderen großen Fondsgesellschaften wie DWS, ADIG, UNION dem DIT-Beispiel gefolgt.

Laufzeitfonds eignen sich für Terminsparer, die ihr Geld plus Zinsen am Ende der Laufzeit zurückhaben möchten, und dann auch nicht wieder anlegen. Da Laufzeitfonds bis auf wenige Ausnahmen nichts anderes als spezielle Rentenfonds darstellen, ist ein Einstieg in Hochzinsphasen wie 1990 bis 1992 durchaus sinnvoll. In der Regel wird der Laufzeitfonds nach einer bestimmten Frist, meist zum Zeitpunkt der Auflegung eines neuen Laufzeitfonds, geschlossen. Fondsanteile können dann nur während der Zeichnungsphase erworben werden. Ist ein Fonds nach der Plazierungsphase geschlossen, bleibt dem Anleger nichts anderes übrig, als auf ein neues Angebot einer Fondsgesellschaft zu warten. Da aber beispielsweise der DIT in regelmäßigen Abständen von drei Monaten neue Fonds auflegt, ergeben sich für den Anleger immer wieder neue Anlagemöglichkeiten.

Auch wenn der Fonds geschlossen wird, ist ein jederzeitiger Ausstieg für den Anleger zum jeweiligen Rücknahmepreis möglich. Die Anteile an Laufzeitfonds sind also genauso liquidierbar wie andere Investmentanteile. Im Gegensatz zu klassischen Rentenfonds wird der zum Zeitpunkt der Auflegung herrschende Zins für die gesamte Laufzeit festgeschrieben. Dies wird dadurch erreicht, daß für das Fondsvermögen nur Titel erworben werden, deren Laufzeit oder Restlaufzeit mit der des Fonds übereinstimmt. Da festverzinsliche Wertpapiere am Ende der Laufzeit immer zu 100 Prozent zurückgezahlt werden, gibt es praktisch kein Kursrisiko. Es sei denn, die Fondsanteile werden vor Ende der Laufzeit zurückgegeben. So können die Anteilswerte während der Laufzeit durchaus sinken, wenn beispielsweise das Zinsniveau ansteigt.

Der Laufzeitfonds ist immer ein thesaurierender Fonds. Das heißt, die Erträge werden nicht an den Anteilsinhaber ausgeschüttet, sondern wieder angelegt und erst am Ende mit der Auflösung des Fonds an den Anleger weitergegeben. Dadurch profitiert der Fondsanleger vom Zinseszinseffekt.

Sinkt das Zinsniveau, gemessen an der aktuellen Rendite für umlaufende Anleihen, weit unter 7 Prozent, macht der Einstieg in Renten-Laufzeitfonds ebenso wenig Sinn wie die Direktanlage in Festzinsanleihen.

Zerofonds für Zins- und Steuersparfüchse

Es sieht aus wie ein Druckfehler, ist aber keiner. Zerofonds sind Investmentfonds, die vorwiegend in Zerobonds, also in Nullcouponanleihen, investieren. Drei Zerofonds gab es Ende 1992 auf dem Markt: Hypo-Invest Zerorent 97 sowie die beiden Luxemburger Fonds UniZero 2000 und DIT-Lux Zerobond 2000.

Die Jahreszahlen lassen schon erahnen, daß Zerobonds spezielle Laufzeit-Rentenfonds sind. Sie unterscheiden sich von den herkömmlichen Rentenfonds nicht nur durch die begrenzte Laufzeit, sondern eben auch durch die Konzentration des Fondsvermögens auf Zerobonds. Neben diesen Nullprozentern werden Niedrigprozenter, also Festzinsanleihen mit niedrigem Normalzins, bevorzugt. Die Manager von Zerofonds versuchen demnach, den steuerpflichtigen Anteil der jährlichen Ausschüttungen bis zur Auflösung des Fonds so gering wie möglich ausfallen zu lassen.

Als Ausgleich für die fehlende oder nur geringe Nominalverzinsung entstehen hohe Rückzahlungsgewinne, da der feststehende Rückzahlungskurs von 100 Prozent oft weit über dem Kaufkurs der Null- oder Niedrigprozenter liegt. Dies gilt vor allem für Hochzinsphasen, in denen Zerofonds besonders interessant sind.

Bei den beiden Luxemburger Zerofonds UniZero 2000 und DIT-Lux Zerobond 2000 erhalten Sie keine jährlichen Ausschüttungen, da die Erträge automatisch wieder angelegt werden. Sie nehmen also am fortlaufenden Wertzuwachs der Fonds teil. Der steuerliche Clou: Verkaufen Sie Ihre Anteile an Zerofonds noch vor Ablauf der regulären Laufzeit der Fonds, zum Beispiel vor dem 30.9.2000 beim DIT-Lux Zerobond 2000, sind die durch Kurssteigerungen der Zeros anfallenden Gewinne nach geltender Steuergesetzgebung steuerfrei. Sie müssen also Ihre Zerofonds-Anteile verkaufen, bevor der Fonds seinerseits die Zeros abstößt oder komplett aufgelöst wird.

Aber aufgepaßt: Zwar propagieren die drei Anbieter von Zerofonds übereinstimmend die besonderen steuerlichen Vorteile dieser Anlageform, doch liegt möglicherweise gerade hier der Haken. Vom Stopfen dieses Steuerschlupflochs ist in Bonn bereits die Rede. Dies kann durch eine Verwaltungsanweisung oder eine Gesetzesänderung schnell geschehen.

Garantiefonds für Sicherheitsfanatiker

Garantiefonds, die aus rechtlichen Gründen in Deutschland noch nicht erlaubt sind und daher ausschließlich über Luxemburger Fondsgesellschaften deutscher Herkunft angeboten werden, sichern dem Anleger die Rückzahlung des eingesetzten Kapitals oder eine Mindestrendite.

Sie sprechen damit vor allem den vorsichtigen oder sogar ängstlichen Anleger an, der die Sicherheit über das Streben nach einer hohen Rendite stellt. Die Garantie ist nichts anderes als ein vertraglich abgesichertes Versprechen des Fonds, für einen bestimmten zukünftigen Erfolg einzustehen. Selbstverständlich versprechen auch die Luxemburger Fonds nur soviel, wie sie mit an Sicherheit grenzender Wahrscheinlichkeit auch erreichen können. Daher wurden die Garantiezusagen auch in der Vergangenheit klar übertroffen.

Da die Garantie bisher noch nie in Anspruch genommen wurde, darf sie vom Anleger auch nicht überschätzt werden. Im Grunde handelt es sich bei der Garantiezusage eher um ein Verkaufsargument der Fondsgesellschaften, um risikoscheue Fondsanleger zu gewinnen.

Drei Varianten kommen bei Garantiefonds vor. Entweder die Geldzurück-Garantie, die Rücknahmepreis-Garantie oder die Ausschüttungs-Garantie. Bei der Geld-zurück-Variante wird die Rückzahlung des bei der Auflegung des Fonds eingezahlten Kapitals zu einem bestimmten Zeitpunkt garantiert. Diese Garantie auf Kapitalerhalt bieten beispielsweise die Fonds Konzept '94, Balance '95, Deka '98 und DIT-Lux Vario Garantie.

Die meisten Garantiefonds kommen aus dem Lager der geldmarktnahen Fonds und garantieren einen Mindest-Rücknahmepreis zu einem bestimmten Datum. Dazu zählen DIT-Lux DM Garantie, H.C.M. DM Garantie oder R&S Garant. Aus dem garantierten Mindest-Rücknahmepreis und dem aktuellen Kaufkurs läßt sich dann die Mindestrendite errechnen.

Die Garantie einer Mindest-Ausschüttung ist im Vergleich zur Rücknahmepreis-Garantie weniger wert, denn Ausschüttungen sagen noch nichts über die aus Ausschüttung und Wertentwicklung zusammengesetzte echte Anleger-Rendite aus. So garantierte der DBIM-Fonds Rendite Garant beispielsweise zum 31.12.1992 eine Mindest-Ausschüttung von 12 DM pro Anteil für das erste Geschäftsjahr, das bereits am 15.7.1991 begann.

Garantiefonds in Form von geldmarktnahen Fonds empfehlen sich in Phasen hoher kurzfristiger Zinsen, um sich die vergleichsweise hohe Rendite ähnlich wie bei Festgeldern zu sichern. Ein Ausstieg ist – anders als bei Festgeldern – jederzeit möglich.

Dachfonds als Fonds für Fonds für Aktienfüchse

Dachfonds sind offene Aktienfonds nach ausländischem Recht, die vorwiegend Anteile an ausländischen geschlossenen Investmentfonds erwerben. Drei Luxemburger Fonds deutscher Herkunft zählen zu dieser besonderen Spezies: F&V International Investment Fund, H.C.M. New Horizon und Q-Discount. Diese Dachfonds sind für Anleger geeignet, die ihre Aktienchancen in sogenannten Schwellenländern wie Indien, Thailand, Taiwan, Korea, Argentinien oder Chile wahrnehmen wollen. Diese eher exotischen Börsenplätze bleiben dem Direktanleger in aller Regel verschlossen.

Dachfonds sind mit Fonds für Fonds zu vergleichen, bei denen der Anleger indirekt Anteile an geschlossenen Investmentfonds erwirbt. Die in erster Linie asiatischen oder amerikanischen geschlossenen Fonds sind börsennotierte Aktiengesellschaften. Im Gegensatz zu den offenen deutschen Investmentfonds werden nicht laufend neue Anteilscheine ausgegeben, denn der Fonds wird nach Plazierung der festgelegten Anzahl von Anteilen geschlossen. Die Anteile der geschlossenen Fonds werden wie Aktien an der Börse gehandelt und können somit börsentäglich ge- oder verkauft werden. Festgelegte Rücknahmepreise gibt es nicht, wohl aber Börsenkurse, die sich nach Angebot und Nachfrage bilden.

Je nach Marktlage können die Börsenkurse vom eigentlichen Anteilswert, also dem Wert des Fondsvermögens dividiert durch die Anzahl der Anteile, nach oben oder unten abweichen. Liegt der Börsenkurs als Marktpreis unter dem rechnerischen Anteilswert, spricht man von Abschlag oder Discount. In diesem Falle können Sie die Anteile an geschlossenen Fonds also günstig erwerben.

Dachfonds haben sich nun darauf spezialisiert, Fondsanteile mit einem möglichst großen Discount zu kaufen. Steigen die Aktienkurse an, profitieren diese Fonds für Fonds in doppelter Hinsicht: Einerseits steigen die Anteilswerte, was höhere Börsenkurse für die geschlossenen Fonds nach sich zieht. Andererseits hoffen die Fondsmanager, daß sich der Börsenkurs immer mehr dem Anteilswert angleicht und somit der Discount abgebaut wird. Im Idealfall kehrt sich der Abschlag oder Discount in einen Aufschlag oder eine Prämie um.

Neben dieser doppelten Erfolgschance ist jedoch auch das entgegengesetzte doppelte Risiko zu bedenken. Fallen die Aktienkurse auf breiter Front, zieht dies fallende Anteilswerte und sinkende Börsenkurse für die geschlossenen Fonds nach sich. Der Discount könnte dann noch größer werden.

Optionsscheinfonds und Fonds für Wandel- und Optionsanleihen für wagemutige Anleger

Optionsscheinfonds sind Investmentfonds, die vorwiegend in Optionsscheinen anlegen, wie schon der Name sagt. Es handelt sich dabei meist um Aktienoptionsscheine aus Deutschland oder Japan. Diese Optionsscheine profitieren infolge des vielgerühmten Hebeleffekts überproportional von Kurssteigerungen bei Aktien. Der Schuß geht jedoch nach hinten los, wenn die Aktienkurse stark fallen.

Bedingt durch die starken Schwankungen der Optionsscheinpreise unterliegen auch die Anteile der Optionsscheinfonds extrem großen Ausschlägen. Sie sind angesichts des spekulativen Charakters nur wagemutigen und risikofreudigen Anlegern zu empfehlen.

Im Jahr 1989 erschien als erster Optionsscheinfonds der PEH-Universal-Fonds OS auf dem deutschen Markt. Damaliger Ausgabepreis: 100 DM. Rücknahmepreis Ende 1992: 22 DM. Zwischenzeitlich waren Kursschwankungen um die 50 Prozent innerhalb weniger Wochen keine Seltenheit, und von Ende Oktober 1991 bis Ende Oktober 1992 verlor er über 60 Prozent an Wert.

Zwei weitere Optionsscheinfonds – CC-Universal-OS-Fonds und MMWI-Oswa-Fonds – schnitten kaum besser ab. Die produzierten Verluste zeigen die Anfälligkeit dieser Fonds bei schwachen Aktienbörsen. Umgekehrt werden die Anteilswerte förmlich explodieren, wenn die Aktienkurse stark nach oben gehen.

Optionsscheinfonds werden vom BVI zu den „Aktienfonds Anlageschwerpunkt Ausland" gezählt, da sie sehr stark von der Entwicklung an ausländischen Aktienbörsen abhängig sind. Ähnliches gilt für den DIT-Fonds für Wandel- und Optionsanleihen. Dieser Fonds hatte Ende 1992 mehr als die Hälfte seines Fondsvermögens in Fremdwährungsanleihen mit Wandel- und Optionsrechten angelegt.

Wandel- und Optionsanleihen sind gleichsam Zwitter zwischen Anleihen und Aktien. Steigen die Aktienkurse, zieht dies auch die Kurse der Wandel- und Optionsanleihen nach oben. Wandelanleihen können komplett in Aktien umgetauscht werden, während Optionsanleihen auch nach Umtausch der abgetrennten Optionsscheine in Aktien weiterleben. Beide Anleihetypen bieten doppelte Chancen, aber auch doppelte Risiken.

Wie groß das Risiko bei schwacher Aktienbörse sein kann, belegt der DIT-Fonds für Wandel- und Optionsanleihen auf eindrucksvolle Weise. Innerhalb eines Jahres verlor dieser Fonds über 20 Prozent (vom 31.10.1991 bis 31.10.1992). Und auch im 5-Jahres-Zeitraum von Ende 1987 bis Ende 1992 lag er mit insgesamt 11 Prozent im Minus, was unter Berücksichtigung des Ausgabeaufschlags einer durchschnittlichen Minus-Rendite von 3 Prozent entspricht. Auch Fonds für Wandel- und Optionsanleihen sind nur etwas für mutige Anleger.

Futures-Fonds für spekulative Termingeschäfte

Futures-Fonds sind nach ausländischem Recht aufgelegte Investmentfonds, die sich auf den Handel mit Futures, also mit an den Börsen gehandelten Terminkontrakten, spezialisiert haben. Als Basiswerte der Termingeschäfte dienen entweder Finanztitel wie Aktienindices, Anleiheindices und Wechselkurse (Financial Futures) oder Warenpreise

(Commodity Futures). Mit Futures wird also auf die zukünftige Preisentwicklung dieser Basiswerte spekuliert.

Geht die Spekulation auf steigende oder sinkende Preise auf, winken enorme Gewinne. Bei fehlgeschlagener Spekulation drohen hohe Verluste, die bis zum Totalverlust gehen können. Käufer und Verkäufer müssen bei Abschluß der Termingeschäfte mit Futures einen Bargeldeinschuß, ein sogenanntes Margin, leisten, das zwischen 2 bis 15 Prozent des eigentlichen Kontraktwertes ausmacht. Der Restbetrag ist dann bei Fälligkeit zu zahlen.

Ist der anfängliche Bargeldeinschuß, bedingt durch eine ungünstige Kursentwicklung des Basiswertes, aufgezehrt, muß Kapital nachgeschossen werden. Um dieser Nachschußmöglichkeit nachkommen zu können, wird nur ein Teil des Fondsvermögens in Futures angelegt, während der überwiegende Teil in festverzinslichen Wertpapieren, zumeist Zerobonds, investiert wird.

Einige Futures-Fonds stellen mit einem hohen Anteil an Zerobonds sogar die Rückzahlung des Kapitals in Aussicht. Diese kapitalgarantierten Futures-Fonds können die Kapitalrückzahlung an die Anleger aus den Verkaufserlösen und aufgelaufenen Zinserträgen der Anleihen bestreiten, auch wenn die Termingeschäfte mit einem Totalverlust enden. Beispiel: Zerobonds mit Kaufkursen von 60 Prozent werden bei einer aktuellen Marktrendite von 7 Prozent nach acht Jahren zu 100 Prozent zurückgezahlt. 40 Prozent des Fondsvermögens kann dann für spekulative Termingeschäfte eingesetzt werden.

Die Geld-zurück-Garantie bei Futures-Fonds hat aber einen Haken. Zwar erhält der Fondsanleger nominal 100 Prozent zurück, er muß jedoch die angefallenen Zinsgewinne nachträglich versteuern. Wird das Geld zudem in ausländischen Zerobonds angelegt, geht er noch ein beträchtliches Währungsrisiko ein. Schließlich bleibt noch der Kaufkraftverlust, da die DM bei der Rückzahlung real weniger wert ist als zum Zeitpunkt der Einlage.

Speziell durch die Anlage in Termingeschäften entziehen sich die in Deutschland angebotenen Futures-Fonds der Kontrolle durch das Bundesaufsichtsamt für das Kreditwesen. Futures-Fonds werden daher auf dem „grauen Kapitalmarkt", dem Markt für nicht börsengängige Finanzanlagen ohne Mitwirkung der Kreditinstitute, gehandelt. Neben den seriösen Anbietern hat die fehlende staatliche Kontrolle inzwischen auch eine Reihe von unseriösen Anbietern auf den Plan gerufen.

Fonds-Picking als professionelle Vermögensverwaltung für Anleger

Als Anleger können Sie die schwierige Auswahl unter 400 deutschen, 9.000 europäischen und weltweit insgesamt 20.000 Investmentfonds auch Profis überlassen. Diese Vermögensverwaltung auf Fondsbasis wird kurz Fonds-Picking genannt. Fonds-Picker wie die Graf Lambsdorff Vermögensverwaltung treffen eine Vorauswahl, bestimmen die ihrer Ansicht nach besten Fonds unter Heranziehung eigener Bewertungskriterien und stellen Fondsdepots nach unterschiedlichen Chance-Risiko-Gruppen zusammen.

Anders als bei der Fondsanlage erwerben Sie beim Fonds-Picking normalerweise nicht unmittelbar Anteile an einem Fondsvermögen. Sie schließen in der Regel einen Vermögensverwaltungsvertrag ab und entscheiden sich, je nach Mentalität, für ein bestimmtes Fondsdepot.

Zwei Modelle sind beim Fonds-Picking zu unterscheiden. Die Anbieter Graf Lambsdorff Vermögensverwaltung, Lehndorff Fonds-Selection und Feri Trust wählen ihre Fonds ohne Rücksicht darauf aus, ob diese zu einer mit ihnen verbundenen oder befreundeten Investmentgruppe gehören oder nicht. Feri Trust in Bad Homburg verlangt eine Mindestanlage von 5 Millionen DM, während Graf Lambsdorff Vermögensverwaltung und Lehndorff Fonds-Selection – beide aus Hamburg – auch schon Einmalbeträge ab 20.000 DM beziehungsweise ab 100.000 DM akzeptieren. Die Graf Lambsdorff Vermögensverwaltung bietet darüber hinaus Sparpläne ab 100 DM pro Monat an.

Ganz anders gehen die Deutsche Bank und Dresdner Bank vor, die Fonds-Picking über ihre Luxemburger Tochtergesellschaften betreiben. Sie konzentrieren sich ganz auf hauseigene Fonds, also Fonds der DWS und DBIM bei der Deutschen Bank und Fonds von DIT und dam bei der Dresdner Bank. Dies kann den Nachteil haben, daß diese Fonds in der betreffenden Gruppe nicht zu den Spitzenreitern gehören und den Anlegern auch nur in Ausnahmefällen die bestmögliche Wertentwicklung bringen. Mindestanlage bei den Luxemburger Fonds-Pickern deutscher Herkunft: 100.000 DM.

Fast alle Anbieter von Fonds-Picking bevorzugen Aktienfonds und damit Aktien als Hauptinstrument der Fondsauswahl. Je nach Börsenlage werden klassische Rentenfonds und Geldmarktfonds beigemischt.

Die Gebührensysteme der Anbieter sind sehr unterschiedlich. Neben einer laufenden Verwaltungsgebühr von 0,5 bis 2 Prozent jährlich ist oft ein einmaliger Ausgabeaufschlag bis zu 10 Prozent fällig. Darüber hinaus lassen sich die freien Anbieter nach dem Lambsdorff/Lehndorff/Feri-Modell noch am Gewinn beteiligen. Vergessen Sie daher auf keinen Fall die Gebühren, falls Sie mit Fonds-Picking liebäugeln. Beachten Sie außerdem, daß Fonds-Picker keine vom Bundesaufsichtsamt für das Kreditwesen überwachte Gesellschaften sind.

Fonds-Police als Alternative zur klassischen Kapital-Lebensversicherung

Die fondsgebundene Lebensversicherung verbindet eine Risiko-Lebensversicherung mit einer Anlage in Investmentfonds. Die Sparanteile wandern – anders als bei der klassischen Kapital-Lebensversicherung – in einen Fonds, der in der Regel in Aktien investiert. Durch die Anlage in Aktienfonds soll ein höherer Ertrag erwirtschaftet werden.

Jeder Anleger weiß, daß die Wertentwicklung von Aktienfonds nicht vorhersehbar ist. Das bedeutet, daß für den Erlebensfall kein bestimmter Betrag garantiert werden kann. Die Höhe der Ablaufleistung hängt bei der Fonds-Police, wie die fondsgebundene Lebensversicherung auch genannt wird, ganz entscheidend von der Wahl des Ausstiegszeitpunktes ab. Einige Anbieter von Fonds-Policen erlauben es dem Versicherten, eine sogenannte Nachlauffrist einzuhalten, die bis zu fünf Jahren andauern kann. Fällt der Auszahlungstermin nach Ende der vorgesehenen Laufzeit gerade in eine schwache Börsenphase, kann der Anleger zunächst auf die Auszahlung verzichten und sich das Kapital erst dann auszahlen lassen, wenn der Fonds wieder bessere Zahlen aufweist. Damit fällt die Ablaufleistung dann wesentlich höher aus.

Mit Fonds-Policen sind höhere Renditen bei höherem Risiko möglich als bei der klassischen Kapital-Lebensversicherung. Die Laufzeit sollte zwölf Jahre betragen, um die Erträge garantiert steuerfrei zu kassieren. Jedoch fällt das Steuersparargument bei der an Aktienfonds gebundenen Lebensversicherung kaum ins Gewicht, da auch bei reinen Aktienfonds nur der meist geringe Dividendenanteil steuerpflichtig ist. Hinzu kommt, daß mit der Verzehnfachung der Sparerfreibeträge auf 6.000/12.000 DM (Ledige/Verheiratete) ab 1993 bei den meisten Geldanlegern praktische Steuerfreiheit für Zins- und Dividendeneinnahmen besteht, da sie unter diesen Freibeträgen bleiben.

Marktführer bei den Fonds-Policen sind die Nürnberger Lebensversicherung mit dem NF 5 (Anlage im Frankfurt-Effekt-Fonds) und die WWK Lebensversicherung mit den Aktienfonds Adifonds, Fondak und Fondis. Relativ neue Anbieter sind die Skandia Lebensversicherung und die MLP Lebensversicherung. Beide Newcomer lassen dem Versicherten die Wahl aus einer vorgegebenen Anzahl von Investmentfonds.

IV. Vergleiche

Wieviel Prozent Sie mit Fonds verdienen können

Wie sich eine jetzt getätigte Geldanlage in Investmentfonds in barer Münze auszahlt, kann nur die Zukunft zeigen. Vergangenheitsrenditen sind, ähnlich wie bei der Direktanlage in Aktien, Anleihen oder Immobilien, keine Garantie dafür, daß die gleichen Ergebnisse auch in der Zukunft erreicht werden. Dennoch zeigen Vergleiche zwischen Fondsgruppen und vor allem innerhalb einer bestimmten Fondsgruppe aufgrund von Zahlen aus der Vergangenheit, worauf es bei der Auswahl von Fonds ankommt.

Rendite-Risiko-Profile des BVI zeigen den Zusammenhang zwischen Rendite und Risiko bei unterschiedlichen Fondstypen und Einzelfonds auf. Was für die vergangenen zehn Jahre galt, wird sich in der Zukunft sehr wahrscheinlich wiederholen: Rendite und Risiko nehmen in der Reihenfolge deutsche Aktienfonds, internationale Aktienfonds, internationale Rentenfonds, deutsche Rentenfonds und offene Immobilienfonds ab. Das heißt, hohe Renditen bei Aktienfonds werden mit hohen Risiken erkauft. Umgekehrt stellt die relativ niedrige und stabile Rendite bei offenen Immobilienfonds den Preis für das geringe Risiko und die hohe Sicherheit dieser Fondsanlage dar.

Diagramme des FCS (Finanz-Computer-Service) stützen die These, daß deutsche Aktienfonds den DAX (Deutscher Aktienindex) auf Dauer nicht schlagen und deutsche Rentenfonds den REX-P (Deutscher Rentenindex-Performance) ebenfalls nicht überbieten. Renditeverläufe über mehrere Jahre hinweg machen deutlich, wie stark die Wertentwicklungen bei Aktienfonds im Gegensatz beispielsweise zu offenen Immobilienfonds schwanken können.

In Rendite-Hitlisten des „Geldanlage-Beraters" finden Sie die besten Inlandsfonds der vergangenen 5, 10 oder 20 Jahre, und zwar für Sparpläne und für Einmalanlagen. Der FCS listet außerdem die besten Fonds der letzten 3 Jahre auf, wobei auch die wichtigsten Auslandsfonds mit aufgeführt werden.

Die Fonds-Porträts des F&V-Finanzverlags vermitteln schließlich den anschaulichen Beweis dafür, warum fünf namentlich genannte Fonds zu den Spitzenfonds der letzten Jahre zählten. Die Deutsche-Bank-Gruppe hat mit dem Akkumula, dem Inter-Renta und dem DM-Reserve-Fonds gleich drei heiße Eisen im Feuer, während die Dresdner Bank auf die stolzen Ergebnisse von DIT-Fonds für Vermögensbildung und Grundwert-Fonds verweisen kann. Aber Vorsicht: Favoriten können schnell wechseln.

1. Rendite-Risiko-Profile: Je höher die Rendite, desto höher das Risiko

Der BVI stellt zweimal im Jahr Rendite und Risiko für 5 Fondstypen (deutsche Aktienfonds, internationale Aktienfonds, deutsche Rentenfonds, internationale Rentenfonds, offene Immobilienfonds) gegenüber. Auf den nächsten Seiten finden Sie die graphischen Darstellungen für den 10-Jahres-Zeitraum von 1982 bis 1992.

Auf der senkrechten Achse wird die durchschnittliche jährliche Wertentwicklung in Prozent ausgewiesen, von den Fondsmanagern auch Performance genannt. Die Wertentwicklung eines Investmentfonds innerhalb eines längeren Zeitraums kommt jedoch nicht kontinuierlich zustande. Insofern stellt die durchschnittliche jährliche Wertentwicklung nur einen Mittelwert aus höchst unterschiedlichen Jahres- und Monatsergebnissen dar.

Bereinigt man die durchschnittliche jährliche Wertentwicklung noch um den Ausgabeaufschlag, so erhält man die durchschnittliche jährliche Rendite, die Auskunft gibt über den Anlageerfolg in der Vergangenheit. Die echten Anleger-Renditen liegen im 10-Jahres-Zeitraum etwa 0,3 bis 0,5 Prozentpunkte unter den angegebenen durchschnittlichen jährlichen Wertentwicklungen.

Auf der waagerechten Achse der vom BVI veröffentlichten Graphiken wird die Volatilität von Investmentfonds mit Hilfe der sogenannten Standardabweichung, also der statistischen Abweichung von den Mittelwerten dargestellt. Vereinfacht ausgedrückt, geben Volatilität und Standardabweichung ein Risikomaß oder – noch besser – ein Maß zur Ermittlung von Chancen und Risiken an.

Bei der Betrachtung der Rendite-Risiko-Profile fällt auf, daß Aktienfonds die größten Renditechancen, aber auch die größten Risiken für den Anleger bieten. Völlig im Gegensatz dazu stehen offene Immobilienfonds, die relativ geringe Renditen bei minimalem Risiko aufweisen.
Beim Vergleich innerhalb einer Fondsgruppe kann sich der Fondsanleger nach folgenden Grundsätzen richten (siehe auch BVI-Empfehlungen):

- Weisen zwei Fonds die gleiche Volatilität, sprich Risiko auf, jedoch unterschiedliche Wertentwicklungen, sprich Renditen, ist der Fonds mit der höheren Rendite vorzuziehen.
- Weisen zwei Fonds die gleiche Wertentwicklung auf, aber unterschiedliche Risiken, sollte der sicherheitsorientierte Anleger den Fonds mit dem geringeren Risiko wählen.
- Weichen sowohl Wertentwicklung als auch Volatilität voneinander ab, kommt es bei der Auswahl der Fonds auf die jeweilige Anlegersituation und Anlegermentalität an.

Wie der BVI zu Recht anmerkt, ist bei Rendite-Risiko-Profilen stets zu beachten, daß die Wertentwicklungs- und Volatilitäts-Zahlen auf Daten der Vergangenheit beruhen und für unterschiedliche Anlagezeiträume auch unterschiedlich ausfallen.

Deutsche Aktienfonds

Wertentwicklung und Volatilität
10 Jahre (12/82 – 12/92)

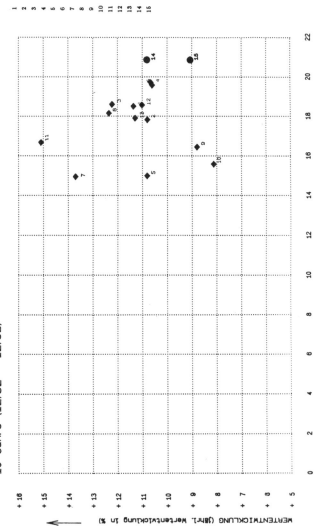

1 ADIFONDS
2 ADIVERBA
3 CONCENTRA
4 DekaFonds
5 DIT-F.f. VERMÖGENSB
6 FONDAK
7 FT-Frankf.-Effekt.-Fonds
8 Investa
9 MK ALFAKAPITAL
10 Privatfonds
11 SMH-Special-Fonds I
12 THESAURUS
13 UniFonds
14 DAX-INDEX
15 FAZ-INDEX

Internationale Aktienfonds

Wertentwicklung und Volatilität
10 Jahre (12/82 - 12/92)

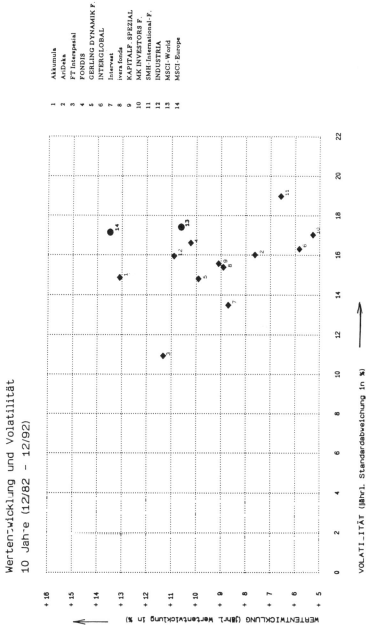

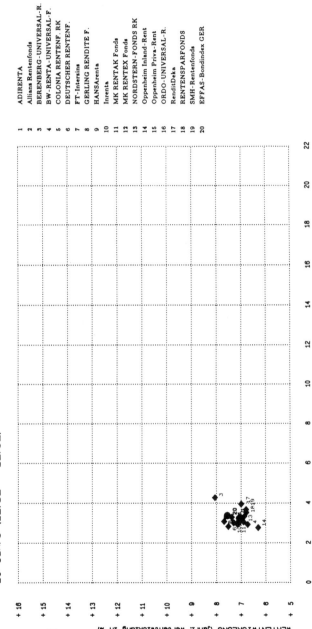

Internationale Rentenfonds

Wertentwicklung und Volatilität
10 Jahre (12/82 - 12/92)

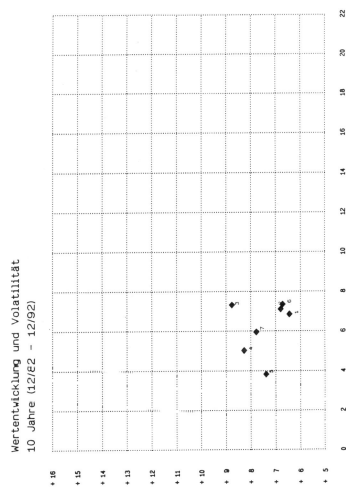

Offene Immobilienfonds

Wertentwicklung und Volatilität
10 Jahre (12/82 - 12/92)

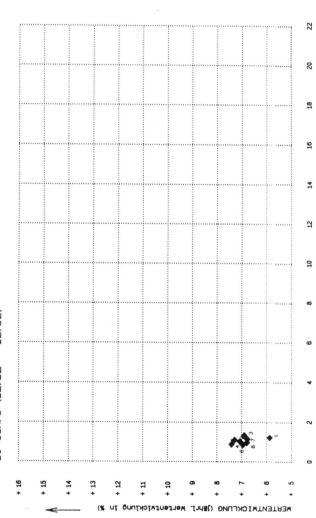

2. Meßlatten:
Indices, Jahre, Anlageformen

Um Werte aus der Vergangenheit richtig zu interpretieren, müssen drei Fragen beantwortet werden:
- Wie haben sich Investmentfonds im Vergleich zu geeigneten Meßlatten – Fachleute sprechen auch von Benchmarks – entwickelt?
- Wie verlief die Wertentwicklung des Fonds in den einzelnen Jahren?
- Wie schnitten Fonds im Vergleich der unterschiedlichen Fondstypen und im Vergleich zu anderen Anlageformen wie Festgeld oder Sparbuch ab?

Der FCS (Finanz-Computer-Service) liefert für den 10-Jahres-Vergleich von 1982 bis 1992 bei Einmalanlagen in Fonds mit Anlageschwerpunkt Deutschland den klaren Beweis, daß deutsche Aktien- und Rentenfonds weder den DAX (Deutscher Aktienindex) noch den REX-P (Deutscher Rentenindex-Performance) schlagen können. Dies gilt selbstverständlich nur für den Durchschnitt aller deutschen Aktien- und Rentenfonds und zunächst einmal nur für die betrachtete Vergangenheitsperiode.

Die FCS-Graphiken auf den nächsten Seiten zeigen die fetten und die mageren Jahre für Aktien und Anleihen in der Vergangenheit an. Mit Aktien und Aktienfonds ließ sich in den Jahren 1983, 1985, 1988 und 1989 sehr viel verdienen, während in den Jahren 1987 und 1990 besonders große Verluste auftraten. Anleihen und Rentenfonds haben mit 1991 und 1992 gerade zwei fette Jahre mit zweistelligen Wertsteigerungen hinter sich. 1988 und 1989 lagen Anleihen und Rentenfonds im Vergleich zu Aktien und Aktienfonds jedoch klar hinten.

Die für ein zurückliegendes Jahr ermittelten Renditen hinken der aktuellen Kursentwicklung notwendigerweise hinterher, wie die FCS-Graphiken für unterschiedliche Fondstypen beweisen. Im Aktienboom-Jahr 1988 hagelte es wegen des Crashes im Oktober 1987 noch bis in den Herbst hinein hohe Wertverluste. Umgekehrt waren hohe Renditen bis Mitte 1990 an der Tagesordnung, bevor dann der Golfkrieg die Aktienbörse in die Tiefe riß. Dies beweist, wie wenig die Wertentwicklung des vergangenen Jahres bei Aktienfonds über die künftigen Chancen aussagt.

Rentenfonds mußten in den Jahren 1989 und 1990 Wertverluste für das jeweils vorangegangene Jahr bekanntgeben. Der Einstieg in Anleihen oder Rentenfonds hätte sich aber gerade im Herbst 1990 gelohnt. Viele Fondsanleger lassen sich zu sehr von den Einjahresergebnissen der Fonds blenden. Fallen diese negativ aus, steigen sie aus und nicht ein. Liegen die Wertsteigerungen für das abgelaufene Jahr jedoch im zweistelligen Bereich, steigen sie ein und nicht aus. Das umgekehrte und antizyklische Verhalten bringt erfahrungsgemäß auf Dauer höhere Anlageerfolge.

Eine Einmalanlage hat im 10-Jahres-Zeitraum von 1982 bis 1992 je nach Anlageform das 1,2fache oder 2,6fache gebracht. Sparpläne mit monatlich 100 DM kamen auf ein Endkapital zwischen 9.000 DM und über 16.000 DM.

Die folgenden Graphiken wurden freundlicherweise von FCS Finanz-Computer-Service (Dieter Reitz), Schloßstr. 12–14, 5042 Erftstadt 12, zur Verfügung gestellt.

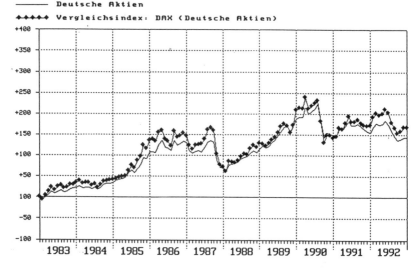

Fondsgruppen-Entwicklung in % / 30.12.82 - 30.12.92 (Einmalanlage)

——— DM-Rentenwerte
♦♦♦♦♦ Vergleichsindex: REX-P (DM-Rentenwerte)

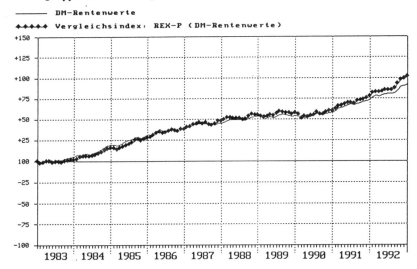

Jährliche Renditen in % (31.01.84 - 30.12.92 / Einmalanlage)

▨▨▨ = Fondsgruppe: Deutsche Aktien
Berechnete Währung: DM

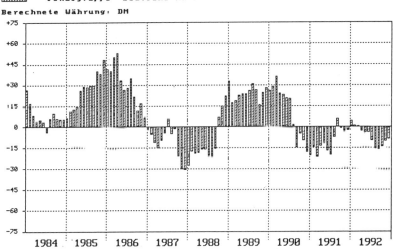

Jährliche Renditen in % (31.01.84 - 30.12.92 / Einmalanlage)
▨▨▨ = Fondsgruppe: Internationale Aktien
Berechnete Währung: DM

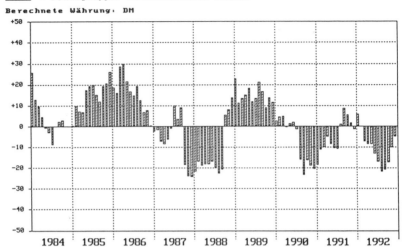

Jährliche Renditen in % (31.01.84 - 30.12.92 / Einmalanlage)
▨▨▨ = Fondsgruppe: DM-Rentenwerte
Berechnete Währung: DM

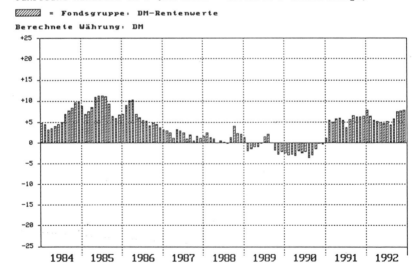

Jährliche Renditen in % (31.01.84 - 30.12.92 / Einmalanlage)
▨▨▨▨ = Fondsgruppe: Internationale Rentenw.
Berechnete Währung: DM

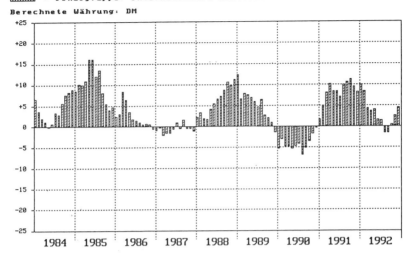

Jährliche Renditen in % (31.01.84 - 30.12.92 / Einmalanlage)
▨▨▨▨ = Fondsgruppe: Immobilien
Berechnete Währung: DM

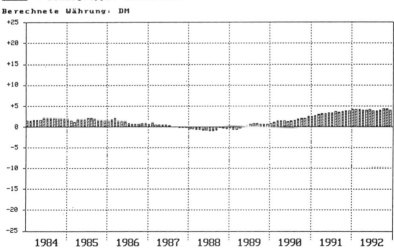

Anlage-Ergebnis in D-Mark zum Stichtag 30.12.92
für eine am 30.12.82 eingezahlte Einmalanlage von 1000 DM

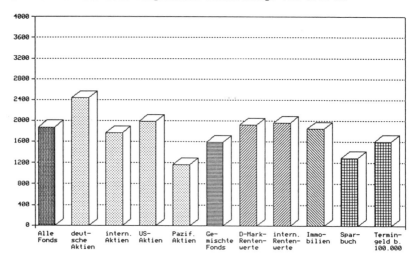

Sparplan-Ergebnis in D-Mark zum Stichtag 30.12.92
nach Einzahlung von 120 Monatsraten zu je 100 DM (10 Jahre)

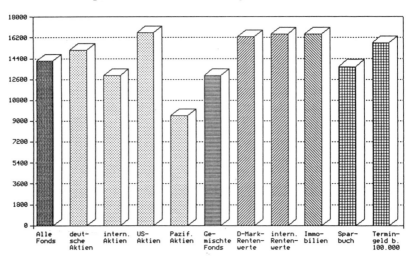

3. Hitlisten: Die besten Fonds in der Vergangenheit

Rennlisten über Investmentfonds sollten Sie mit Vorsicht genießen, sofern nur die Wertentwicklung des letzten Jahres zum Gegenstand der Rangliste gemacht wird. Auf den folgenden Tabellenseiten finden Sie Rangordnungen nach den letzten 10, 5 oder 3 Jahren, und zwar:
- Renditen für Sparpläne mit 10 Jahren Anlagedauer (zusätzlich werden Sparplanrenditen für 15 und 20 Jahre Anlagedauer angegeben sowie das jeweilige Endkapital bei einer monatlichen Einzahlung von 100 DM)
- Renditen für Einmalanlagen mit 5 Jahren Anlagedauer (zusätzlich werden Renditen für 10 und 20 Jahre Anlagedauer angegeben sowie die gesamte Wertentwicklung für die entsprechenden Zeiträume)
- Renditen für Einmalanlagen mit 3 Jahren Anlagedauer (zusätzlich wird der Risikofaktor angegeben, die Tabellen enthalten auch Rendite- und Risikoangaben über die wichtigsten Auslandsfonds)

Die Tabellen stützen sich dabei auf drei Quellen. Dies sind die monatlichen Veröffentlichungen der Wertentwicklungszahlen durch den BVI (Bundesverband Deutscher Investment-Gesellschaften), die GB-Renditen laut Loseblattwerk „Der Geldanlage-Berater" sowie die FCS-Renditen mit Risikofaktoren des FCS (Finanz-Computer-Service). Im Gegensatz zu den Wertentwicklungen für einen bestimmten Zeitraum berücksichtigen die durchschnittlichen jährlichen Renditen sowohl den Ausgabeaufschlag als auch den Zinseszinseffekt. Mehrjahres-Wertsteigerungen dürfen also nicht mit Jahres-Renditen verwechselt werden.

Die angegebenen Vergangenheitsrenditen lassen bekanntermaßen keinen Schluß auf die künftig erzielbaren Renditen zu. Häufig ist es sogar so, daß eine zweistellige Wertsteigerung im letzten Jahr eher zur Vorsicht für einen möglicherweise zu späten Einstieg mahnt, während zweistellige Wertvorluste in einem Jahr eine Wende nach oben versprechen. Aus diesem Grund ist in den Tabellen auch davon abgesehen worden, außer bei Luxemburger Geldmarktfonds, Renditen für nur ein Jahr zu berechnen. Der langfristige Charakter einer Investmentanlage wird am besten deutlich, wenn bei Einmalanlagen von mindestens 5 Jahren Anlagedauer und bei Sparplänen von mindestens 10 Jahren ausgegangen wird. Um auch jüngere Fonds in die Tabellen aufzunehmen, sind zusätzlich Renditen für Einmalanlagen mit 3 Jahren Anlagedauer angegeben.

Durchschnittliche jährliche Vergangenheitsrenditen dürfen nicht zu der Annahme verleiten, daß die Wertentwicklung des Fonds kontinuierlich verläuft. Vor allem bei Aktienfonds schwanken die Werte von Jahr zu Jahr in beträchtlichem Maße.

Renditevergleiche machen zunächst einmal nur in einer bestimmten Fondsklasse wie Aktienfonds Sinn. Vergleiche mit anderen Fondsklassen sind wegen der unterschiedlichen Risikostruktur problematisch.

Sparpläne mit Aktienfonds Deutschland
(Ende des Berechnungszeitraums ist jeweils der 31.12.1991)

Fonds	Rendite in % (GB)*			Endkapital in DM (BVI)**		
	bei einer monatl. Einzahlung von 100 DM					
	10 Jahre	15 Jahre	20 Jahre	10 Jahre	15 Jahre	20 Jahre
1. DIT-Fonds f.V.	12,1	11,3	10,2	22.548	44.700	74.386
2. FT-Frankf.-Eff.	11,3	12,4	–	21.636	49.357	–
3. Concentra	10,9	11,1	10,2	21.090	44.083	73.926
4. Investa	10,4	11,0	10,2	20.623	43.872	74.292
5. Thesaurus	9,9	10,5	9,6	20.092	41.877	69.459
6. Plusfonds [1]	9,7	9,9	9,4	19.791	40.011	67.571
7. Unifonds	9,2	10,2	9,7	19.276	40.742	69.780
8. DekaFonds	8,8	9,9	9,4	18.964	39.723	67.447
9. Adifonds	8,8	9,8	9,4	18.893	39.574	67.555
10. Fondak	8,5	9,8	9,3	18.658	39.405	66.709
11. Adiverba	6,8	9,8	9,6	16.988	39.579	68.763
12. Privatfonds	6,2	7,9	7,5	16.532	33.648	53.757
13. MK Alfakapital	6,2	7,9	7,5	16.495	33.633	53.836
14. Fondra	6,0	7,5	7,5	16.337	32.589	54.239

[1] = gemischte Fonds mit mehr als 50 Prozent Anteilen in deutschen Aktien

Sparpläne mit Aktienfonds Ausland
(Ende des Berechnungszeitraums ist jeweils der 31.12.1991)

Fonds	Rendite in % (GB)*			Endkapital in DM (BVI)**		
	bei einer monatlichen Einzahlung von 100 DM					
	10 Jahre	15 Jahre	20 Jahre	10 Jahre	15 Jahre	20 Jahre
1. Akkumula	11,5	12,2	11,2	21.839	48.502	83.601
2. FT Interspezial	9,0	10,5	9,4	19.102	41.771	67.621
3. Industria [1]	7,6	8,7	8,2	17.729	36.141	58.497
4. Gerling Dyn.	6,8	8,9	8,7	17.003	36.486	62.218
5. Intervest	6,8	9,1	8,7	16.997	37.154	62.505
6. Fondis	6,6	9,6	9,2	16.811	38.869	65.540
7. AriDeka	6,1	7,7	7,8	16.372	33.207	56.112
8. FT Interspez. II	5,9	8,4	–	16.285	35.213	–
9. Kapitalfonds	5,3	7,9	7,8	15.777	33.638	55.659
10. Ring-Aktienf.	4,1	5,8	6,0	14.780	28.358	45.746
11. FT Nipp.Dyn. [1]	4,0	8,3	–	14.734	34.839	–
12. Wekanord	3,7	5,0	5,1	14.502	26.612	41.203
13. Verm.-Aufb.-F. [1]	3,6	5,5	5,6	14.421	27.626	43.668
14. Transatlanta	2,6	5,6	5,5	13.708	27.876	42.948
15. Interglobal	2,2	5,9	6,3	13.389	28.672	46.953
16. MK Inv. Fonds	1,1	3,7	3,5	12.713	23.892	34.734
17. FT Am.Dyn. [1]	– 0,5	2,6	–	11.709	22.055	–
18. Hansasecur	– 0,6	2,2	3,1	11.469	21.238	33.292
19. DekaSpezial	– 1,5	–	–	11.119	–	–
20. UniGlobal	– 1,8	2,0	3,1	10.983	20.955	33.292
21. UniSpezial [1]	– 4,6	– 1,2	0,4	9.545	16.445	25.016
22. Japan Pazifik [1]	– 4,9	– 0,4	–	9.436	17.459	–

[1] = Spezialitätenfonds

Sparpläne mit Rentenfonds in Deutschland
Ende des Berechnungszeitraums ist jeweils der 31.12.1991

Fonds	Rendite in % (GB)*			Endkapital in DM (BVI)** bei einer monatlichen Einzahlung von 100 DM		
	10 Jahre	15 Jahre	20 Jahre	10 Jahre	15 Jahre	20 Jahre
1. MK Rentex F.	6,3	–	–	16.567	–	–
2. Gerling Rendite	6,2	7,1	7,6	16.539	31.674	54.706
3. Inrenta	5,7	6,4	6,8	16.075	29.766	50.069
4. Dt. Rentenf.	5,7	6,3	6,8	16.051	29.661	49.981
5. FT Interzins	5,6	6,3	6,8	16.008	29.552	49.773
6. MK Rentak Fd.	5,5	6,4	–	15.934	29.694	–
7. Vermög.-Ertr.-F.	5,5	–	–	15.934	–	–
8. Hamb.-Mannh.-R.	5,5	–	–	15.925	–	–
9. Colonia. Rent. RK	5,5	–	–	15.901	–	–
10. RenditDeka	5,5	6,3	6,7	15.878	29.529	49.585
11. Ring-Rentenf.	5,4	6,2	6,6	15.859	29.340	49.024
12. Adirenta	5,4	6,6	7,1	15.849	30.253	51.461
13. Nordstern-F. RK	5,4	–	–	15.843	–	–
14. Gotharent	5,3	–	–	15.718	–	–
15. NB-Rentenf. RK	5,2	–	–	15.671	–	–
16. Hansarenta	5,2	6,0	6,4	15.655		
17. Nürnberg.R.F.	4,9	–	–	15.447	–	–
18. FT Re-Spezial	4,2	–	–	14.873	–	–

Sparpläne mit Rentenfonds im Ausland
Ende des Berechnungszeitraums ist jeweils der 31.12.1991

Fonds	Rendite in % (GB)*			Endkapital in DM (BVI)**		
	bei einer monatlichen Einzahlung von 100 DM					
	10 Jahre	15 Jahre	20 Jahre	10 Jahre	15 Jahre	20 Jahre
1. Inter-Renta	7,7	8,4	8,5	17.811	35.276	60.711
2. Intern. Rentenf.	7,1	8,7	8,9	17.303	36.172	63.673
3. UniRenta	6,7	7,5	7,8	16.948	32.692	56.092
4. DekaRent int.	6,5	7,2	7,4	16.761	31.694	53.242
5. Re-Inrenta	6,2	7,1	–	16.522	31.679	–

Sparpläne mit offenen Immobilienfonds
Ende des Berechnungszeitraums ist jeweils der 31.12.1991

Fonds	Rendite in % (GB)*			Endkapital in DM (BVI)**		
	bei einer monatlichen Einzahlung von 100 DM					
	10 Jahre	15 Jahre	20 Jahre	10 Jahre	15 Jahre	20 Jahre
1. Grundwert-Fonds	6,3	6,7	–	16.562	30.413	–
2. Grundbesitz-Invest	6,1	6,5	6,6	16.372	30.075	48.719
3. Despa-Fonds	5,9	6,2	6,2	16.228	29.300	46.874
4. iii-Fonds Nr. 1	5,8	6,0	5,7	16.124	28.726	44.108
5. Haus-Invest	5,7	6,3	–	16.104	29.610	–
6. iii-Fonds Nr. 2	5,7	5,8	5,5	16.104	28.288	42.845
7. DIFA-Fonds Nr.1	5,7	6,0	6,0	16.101	28.801	45.519
8. A.G.I.-Fonds	5,1	5,6	5,8	15.590	27.819	44.470

Aktienfonds Deutschland: Fonds mit überwiegend deutschen Aktien
Ende des Berechnungszeitraums ist jeweils der 31.12.1992

Fonds	Rendite in % (GB)*			Wertentwicklung in % (BVI)**			
	5 Jahre	10 Jahre	20 Jahre	1 Jahr	5 Jahre	10 Jahre	20 Jahre
1. DIT-Verm.-Bildung	11,1	10,3	8,1	− 6,6	77,7	179,4	398,4
2. SMH-Spec.-Fds.	10,5	14,4	−	− 5,8	75,1	308,1	−
3. Investa	10,2	11,8	8,4	− 1,0	70,8	220,5	422,6
4. Alte Leipziger A	10,0	−	−	1,4	69,3	−	−
5. Provesta	9,6	−	−	− 4,0	66,4	−	−
6. Concentra	9,3	11,7	8,2	− 2,9	63,8	216,9	408,4
7. Unifonds	8,8	10,8	8,1	− 2,9	60,0	191,6	397,5
8. Main-I-Universal	8,8	9,1	6,6	− 4,7	56,9	146,2	267,6
9. Thesaurus	8,1	10,5	7,5	− 6,3	55,1	184,3	344,7
10. FT-Frankf.-Eff.	8,0	13,2	−	0,2	54,8	261,3	−
11. DIT-Spezial	8,0	−	−	− 11,8	51,3	−	−
12. DekaFonds	7,7	10,6	7,6	− 7,5	52,8	175,7	353,0
13. Plusfonds[1]	7,7	10,6	7,8	− 4,8	52,3	188,4	368,1
14. Fondak	7,4	10,1	7,4	− 7,8	50,1	174,2	338,0
15. Adifonds	7,2	10,8	7,8	− 3,5	48,5	193,2	373,1
16. DIT-Wachst.fds	6,6	−	−	− 6,0	42,1	−	−
17. Ring-Aktienfonds	6,5	6,6	5,2	0,0	43,3	99,1	187,3
18. Adiverba	5,5	10,3	8,1	0,2	37,1	178,9	397,6
19. Oppenheim privat	5,4	7,3	5,0	− 5,7	36,4	111,7	178,6
20. Mk Alfakapital	4,9	8,0	4,8	− 8,9	36,3	132,7	176,2
im Durchschnitt von 25 Aktienf.	7,1			− 4,7	48,2		
zum Vergleich DAX				− 2,0	54,5		

[1] = gemischte Fonds mit überwiegend deutschen Aktien

Aktienfonds Ausland: Fonds mit überwiegend internationalen Aktien
Ende des Berechnungszeitraums ist jeweils der 31.12.1992

Fonds	Rendite in % (GB)*			Wertentwicklg. in % (BVI) **			
	5 Jahre	10 Jahre	20 Jahre	1 Jahr	5 Jahre	10 Jahre	20 Jahre
1. Akkumula	9,2	12,6	8,8	1,3	63,2	242,7	467,7
2. Dt. Verm.bildg. I	8,9	9,1	7,7	4,3	60,9	150,2	364,9
3. FMM-Fonds	8,6	–	–	7,9	51,2	–	–
4. FT Interspezial	8,3	10,8	7,6	3,3	56,5	192,5	353,9
5. Industria[1]	8,0	10,4	7,2	6,1	54,5	181,4	320,7
6. Transatlanta[1]	7,2	5,9	4,6	10,4	46,0	83,2	151,1
7. Gerling Dynamik	6,8	9,4	8,9	4,9	45,2	157,5	470,2
8. ivera Fonds	6,2	7,9	6,2	4,0	47,3	134,6	264,1
9. Kapitalfonds spez.	6,0	8,3	7,0	3,4	44,6	138,9	318,2
10. Wekanord	6,0	5,4	4,8	– 2,4	40,5	78,5	133,9
11. FT Amerika Dyn.[1]	5,5	2,5	3,1	15,7	37,3	34,6	95,0
12. BW-Wartb.-Univ.	5,5	9,1	6,3	0,3	35,4	150,2	348,8
13. AriDeka	5,3	7,1	6,7	– 6,6	36,2	108,7	285,1
14. Intervest	5,1	8,2	7,0	– 4,0	34,4	130,5	303,6
15. DWS-Enegiefonds[1]	5,0	–	–	0,9	30,9	–	–
16. Dt. Verm.-Bildg. A	4,6	10,2	7,4	1,3	31,4	177,1	336,7
17. FT Interspez. II	4,5	8,7	6,7	3,6	31,0	142,8	286,0
18. Mundus-Universal	4,5	–	–	13,0	28,1	–	–
19. Verm.-Aufbau-Fd.[1]	4,3	7,2	5,3	3,9	29,6	111,0	197,1
20. MK Investor Fonds	4,0	4,5	2,3	1,4	30,8	66,9	68,1
im Durchschnitt von 38 Aktienfonds Ausland	2,7			– 1,2	20,2		

[1] = Spezialitätenfonds mit überwiegend internationalen Aktien

Rentenfonds Deutschland: Fonds mit überwiegend deutschen Anleihen
Ende des Berechnungszeitraums ist jeweils der 31.12.1992

Fonds	Rendite in % (GB)*			Wertentwicklg. in % (BVI)**			
	5 Jahre	10 Jahre	20 Jahre	1 Jahr	5 Jahre	10 Jahre	20 Jahre
1. Condor-Fds-Union	7,5	–	–	10,4	51,0	–	–
2. Basis-Fonds I[1]	6,8	–	–	11,1	39,1	–	–
3. BBV-Fonds-Union	6,7	–	–	12,3	42,7	–	–
4. Berenberg-Univ.-Renten	6,7	7,8	–	10,2	41,6	116,9	–
5. UniKapital[1]	6,6	–	–	9,4	41,3	–	–
6. LVM-Fonds-Union	6,4	–	–	10,7	43,2	–	–
7. BW-Renta-Univers.	6,1	6,5	–	13,0	38,0	91,8	–
8. Ordo-Univ.-Renten	6,1	7,0	–	12,6	35,8	97,9	–
9. Albingia Rentenfd.	6,0	–	–	11,6	38,4	–	–
10. Dt. Rentenfonds K[1]	6,0	–	–	11,5	36,5	–	–
11. Allianz Rentenfds.	5,8	7,4	–	13,3	36,1	109,5	–
12. Vermögens-Ertrag-Fonds	5,7	7,2	–	8,8	37,5	107,6	–
13. Nürnberger Rentenfonds	5,7	5,9	–	11,5	37,5	85,6	–
14. Ring-Rentenfonds	5,6	6,7	7,2	10,3	37,7	100,8	322,2
15. Dt. Verm.-Bildg. R	5,6	6,3	7,3	11,8	35,1	90,5	322,1
16. Gerling Rendite F.	5,6	7,2	8,1	10,4	35,0	106,3	388,1
17. DekaTresor[1]	5,6	–	–	10,6	34,7	–	–
18. MK Rentex Fonds	5,4	6,9	–	9,3	35,8	102,2	–
19. Colonia-Rentfd.RK	5,4	6,6	–	12,1	34,8	96,7	–
20. Barmenia Rentfds.	5,4	–	–	12,0	34,7	–	–
im Durchschnitt von 47 Rentenfonds Deutschland	5,3			11,3	34,0		
zum Vergleich: REX-P				13,3	36,3		

[1] = Kurzläuferfonds

Rentenfonds Ausland: Fonds mit überwiegend internationalen Anleihen
Ende des Berechnungszeitraums ist jeweils der 31.12.1992

Fonds	Rendite in % (GB)*			Wertentwicklg. in % (BVI)**			
	5 Jahre	10 Jahre	20 Jahre	1 Jahr	5 Jahre	10 Jahre	20 Jahre
1. FT Accuzins	9,2	–	–	10,1	59,9	–	–
2. Thesaurent	9,2	–	–	6,6	59,2	–	–
3. Hansa intern.	8,8	6,4	–	6,1	57,5	92,9	–
4. Inter-Renta	8,7	7,9	8,3	7,1	56,3	121,3	411,7
5. SMH-Dollar-Rent.	8,5	5,1	–	12,8	55,0	69,0	–
6. Nordrenta intern.	8,4	6,4	–	6,3	55,0	91,6	–
7. UniRenta	8,3	7,4	8,1	10,1	53,7	111,3	385,5
8. Fondirent	8,3	–	–	5,6	52,8	–	–
9. DekaRent intern.	8,2	6,1	7,3	5,9	52,6	86,7	321,5
10. Magdeburger Wert	8,0	–	–	5,6	52,8	–	–
11. Intern. Rentenfonds	7,6	8,4	8,7	8,1	48,5	131,6	449,2
12. Intern. Rentenfonds. K[1]	7,5	–	–	7,2	47,4	–	–
13. Adirewa	7,0	–	–	6,7	44,5	–	–
14. Re-Inrenta	6,2	7,1	7,9	7,9	38,7	103,9	365,1
15. Nordcumula	4,9	–	–	8,7	31,3	–	–
16. OP-Rendakta	3,3	5,8	–	5,0	21,4	80,4	–
17. Säkular-Universal-Fonds	0,1	6,5	–	5,7	3,6	93,6	–
im Durchschnitt von 17 Rentenfonds Ausland	7,2			7,4	46,5		

Luxemburger Fonds von Töchtern deutscher Banken: Fast ausschließlich Rentenfonds (jeweils 31.12.1991 bis 31.12.1992)

Fonds	Rendite in % (GB) * 1 Jahr	Wertentwicklung in % (BVI) ** 1 Jahr	Ausgabeaufschlag in %
1. DB Tiger Fonds[2]	13,3	19,0	5,00
2. H.C.M. DM-Rent	9,0	11,7	2,50
3. DIT-Lux DM Garantie	8,5	9,6	1,00
4. DekaLux-Flex[1]	8,5	9,3	0,75
5. H.C.M. DM-Kurz	8,4	8,9	0,50
6. Fondilux	8,3	11,5	3,00
7. DekaLux-Cash-DM	8,2	9,0	0,75
8. H.C.M. DM-Cash Plus	8,1	8,6	0,50
9. UniCash[1]	8,0	9,1	1,00
10. UniEuroCash[1]	7,6	8,7	1,00
11. Rendite Garant	7,6	8,7	1,00
12. DM-Reserve-Fonds	7,2	8,3	1,00
13. Thornton-Lux Tiger Fund[2]	6,1	11,4	5,00
14. Interbond[1]	6,0	9,8	3,55
15. Luxinvest Globalrent[1]	6,0	9,2	3,00
16. Wüstenrot Globalrent[1]	6,0	9,2	3,00
17. H.C.M. Lux Interbond[1]	5,9	9,1	3,00
18. DekaLux-Bond[1]	5,8	9,0	3,00
19. BHF-Europazins[1]	5,1	8,3	3,00
20. Lux-Select[1]	5,0	8,2	3,00
im Durchschnitt von 39 Luxemburger Fonds		7,0	

[1] = Fonds mit überwiegend internationalen Anleihen
[2] = Fonds mit überwiegend internationalen Aktien
alle anderen Fonds sind DM-Rentenfonds in der Sonderform Kurzläufer- oder geldmarktnahe Fonds

Offene Immobilienfonds: Fonds mit überwiegend Gewerbe-Immobilien in Deutschland
Ende des Berechnungszeitraums ist jeweils der 31.12.1992

Fonds	Rendite in % (GB)*			Wertentwicklg. in % (BVI)**			
	5 Jahre	10 Jahre	20 Jahre	1 Jahr	5 Jahre	10 Jahre	20 Jahre
1. Grundwert-Fonds	6,9	6,8	7,3	9,5	47,2	104,2	333,6
2. DespaFonds	6,7	6,7	6,6	11,2	45,5	101,9	210,4
3. iii-Fonds Nr. 1	6,7	6,3	5,8	9,9	45,1	92,7	221,9
4. iii-Fonds Nr. 2	6,6	6,2	5,5	9,8	44,6	92,2	204,1
5. Grundbesitz-Invest	6,6	6,5	6,8	9,2	44,5	97,8	291,7
6. Haus-Invest	6,4	6,4	6,8	10,3	43,2	95,7	294,6
7. DIFA-Fonds Nr. 1	6,4	6,3	6,2	10,1	43,4	94,6	251,5
8. DIFA-Grund	5,6	–	–	10,3	38,6	–	–
9. A.G.I.-Fonds	4,9	5,3	6,1	5,0	33,1	76,8	244,9
im Durchschnitt von 9 offenen Immobilienfonds	6,3			9,5	42,8		

Für die oben aufgeführten Tabellen gilt:
Quellen:
* = (GB) „Geldanlage-Berater" (berechnet die echte Anleger-Rendite pro Jahr mit Berücksichtigung von Ausgabeaufschlag und Zinseszinseffekt)
** = (BVI) Bundesverband Deutscher Investment-Gesellschaften (Berechnet die Wertentwicklung des Fonds für einen bestimmten Zeitraum ohne Berücksichtigung des Ausgabeaufschlags)

Die folgenden Tabellen wurden freundlicherweise vom FCS Finanz-Computer-Service (Dieter Reitz), Schloßstr. 12 – 14, 5042 Erftstadt 12, zur Verfügung gestellt.

FCS-Investmentfonds-Ergebnisse

In- und ausländische Fonds
Gruppe mit Anlageschwerpunkt: Deutsche Aktien
Berechnungsstichtag: Ende Dezember 1992
Sortierung: Rendite (3 Jahre)
Berechnungsmethode: FCS/DM-Berechnung

Fondsname	Rendite 3 Jahre)	Rang	Risikofaktor	Managementgesellschaft	Sitzland	Ausgabewährung	Ausgabeaufschlag
AL Trust Fonds A	-1,4	1	14,5	AL Trust	D	DM	5,00
Citibank Invest	-1,9	2	12,9	Union	D	DM	5,00
FT Frankf.-Effekten	-3,3	3	14,3	FT	D	DM	5,00
Zürich Aktien	-3,4	4	16,6	Zürich Inv.	D	DM	4,50
Investa	-3,6	5	16,7	DWS	D	DM	5,00
DVG Select-Invest	-3,8	6	15,9	DVG	D	DM	5,00
DIT-Vermögensbildung	-4,0	7	15,5	DIT	D	DM	5,00
Nordstern-Invest RK	-4,7	8	14,2	Rhein. KAG	D	DM	4,00
Provesta	-4,9	9	15,7	DWS	D	DM	5,00
Bayern-Spezial DWS	-5,3	10	14,9	DWS	D	DM	5,00
Ring-Aktienfonds	-5,3	11	16,2	DWS	D	DM	4,71
UniFonds	-5,4	12	17,1	Union	D	DM	5,00
Metallbank Aktien	-5,6	13	16,0	DWS	D	DM	5,00
Oppenh. Privat	-5,7	14	16,8	Oppenheim	D	DM	5,00
BfG Aktienfonds	-6,0	15	17,8	BfG Invest	D	DM	4,00
SMH-Special-Fonds I	-6,0	16	14,9	SMH Invest	D	DM	6,38
Dt. Berenberg-Fonds	-6,1	17	17,0	Universal	D	DM	3,00
Concentra	-6,1	18	18,2	DIT	D	DM	5,00
Privatfonds	-6,1	19	12,5	DWS	D	DM	5,00
Köln-Aktienfonds	-6,5	20	17,1	Deka	D	DM	5,26
Adifonds	-6,7	21	16,0	Adig	D	DM	5,00
Main I-Universal	-6,8	22	18,5	Universal	D	DM	3,09
Adiverba	-7,3	23	14,5	Adig	D	DM	5,00
Colonia-Aktienfonds	-7,3	24	14,9	Rhein. KAG	D	DM	5,00
Elfoaktiv	-7,5	25	17,5	Axa Elfo	D	DM	4,75
DekaFonds	-7,6	26	18,0	Deka	D	DM	5,26
DIT-Wachstumsfonds	-7,9	27	18,9	DIT	D	DM	3,00
Fondak	-8,1	28	16,8	Adig	D	DM	5,00
Thesaurus	-8,1	29	18,3	DIT	D	DM	5,00
Universal-Effect	-8,3	30	11,5	Universal	D	DM	4,00
DIT-Spezial	-8,8	31	16,6	DIT	D	DM	3,00
E&G Privat-Fonds	-9,0	32	15,6	MK	D	DM	5,26
MK Alfakapital	-9,3	33	15,0	MK	D	DM	7,53
Hansaeffekt	-9,5	34	15,5	Hansainvest	D	DM	5,00
Aufhäuser Fonds I	-10,1	35	15,0	Universal	D	DM	5,00
PEH-Universal I	-12,6	36	17,2	Universal	D	DM	6,00

In- und ausländische Fonds
Gruppe mit Anlageschwerpunkt: Wandel-/Optionsanl. + Optionen
Berechnungsstichtag: Ende Dezember 1992
Sortierung: Rendite (3 Jahre)
Berechnungsmethode: FCS/DM-Berechnung

Fondsname	Rendite 3 Jahre)	Rang	Risikofaktor	Managementgesellschaft	Sitzland	Ausgabewährung	Ausgabeaufschlag
MAT Japan Furusato	-0,2	1	16,6	Main Anlage	D	DM	4,00
Fleming Global Conv.	-1,0	2	12,9	Fleming	L	US$	5,26
Japan CB-Universal	-2,1	3	16,3	Universal	D	DM	6,00
Nordcumula	-3,4	4	12,5	Nordinvest	D	DM	3,50
DIT-Wandel/Optionen	-14,8	5	17,2	DIT	D	DM	3,00
PEH-Universal OS	-40,4	6	52,1	Universal	D	DM	6,00

In- und ausländische Fonds
Gruppe mit Anlageschwerpunkt:
Europäische Aktien

Berechnungsstichtag:
Ende Dezember 1992

Sortierung: Rendite (3 Jahre)

Berechnungsmethode:
FCS/DM-Berechnung

Fondsname	Rendite 3 Jahre)	Rang	Risikofaktor	Managementgesellschaft	Sitzland	Ausgabewährung	Ausgabeaufschlag
HSGP UK Equity	3,2	1	-	Hill Samuel	L	UK£	5,26
HSGP UK Small. Comp.	2,4	2	-	Hill Samuel	L	UK£	5,26
DIT-Fonds Grossbrit.	2,2	3	18,9	DIT	D	DM	3,00
DIT-Fonds Schweiz	-1,3	4	16,9	DIT	D	DM	3,00
Industria	-1,9	5	16,1	DIT	D	DM	5,00
Eurovesta	-2,7	6	13,8	DWS	D	DM	3,50
SLGP UK Growth	-2,9	7	19,1	Sun Life	L	UK£	6,00
Fleming European	-3,6	8	16,2	Fleming	L	US$	5,26
BB-Europa-Invest	-4,1	9	15,2	BB-Invest	D	DM	5,00
DIT-Fonds Frankreich	-4,9	10	17,9	DIT	D	DM	3,00
HSGP European Equity	-5,4	11	-	Hill Samuel	L	DM	5,26
CP UK Equity	-5,5	12	20,7	Citiportfol.	L	UK£	5,00
Lion IAct. Europa	-5,8	13	16,1	Lion IAct.	L	ECU	2,00
BfG Europafonds	-6,5	14	14,4	BfG Invest	D	DM	4,00
Augsburger Aktien	-6,7	15	12,9	Euroinvest	D	DM	2,50
Fleming Cont. Europe	-6,8	16	16,2	Fleming	L	US$	5,26
BIL Aktienfonds	-6,9	17	13,2	Euroinvest	D	DM	5,00
Fondiropa	-7,2	18	-	Adig	D	DM	5,00
AriDeka	-7,6	19	16,2	Deka	D	DM	5,26
CP Cont. Europ. Equ.	-7,7	20	16,4	Citiportfol.	L	ECU	5,00
SLGP Common Market	-9,1	21	14,6	Sun Life	L	ECU	6,00
Oppenh. Europa	-9,3	22	15,0	Oppenheim	D	DM	5,00
DWS-Iberia-Fonds	-13,6	23	22,2	DWS	D	DM	2,50
DIT-Fonds Italien	-15,0	24	25,2	DIT	D	DM	3,00
DIT-Fonds Iberia	-16,4	25	24,8	DIT	D	DM	3,00

In- und ausländische Fonds
Gruppe mit Anlageschwerpunkt:
Nordamerikanische Aktien

Berechnungsstichtag:
Ende Dezember 1992

Sortierung: Rendite (3 Jahre)

Berechnungsmethode:
FCS/DM-Berechnung

Fondsname	Rendite 3 Jahre)	Rang	Risikofaktor	Managementgesellschaft	Sitzland	Ausgabewährung	Ausgabeaufschlag
Putnam Emerg. Health	24,6	1	26,4	Putnam SIC.	L	US$	6,10
Alliance Health Care	22,5	2	23,2	Alliance Lux	L	US$	6,67
Fleming American	17,0	3	23,1	Fleming	L	US$	5,26
Fleming US Discovery	16,6	4	25,8	Fleming	L	US$	5,26
CP North Am. Equity	12,9	5	21,4	Citiportfol.	L	US$	5,00
Fleming Amer. Fledg.	12,7	6	25,7	Fleming	L	US$	5,26
SLGP American Growth	8,7	7	22,8	Sun Life	L	US$	6,00
Putnam OTC	8,6	8	27,1	Putnam MC	USA	US$	6,10
Transatlanta	5,8	9	21,2	DIT	D	DM	3,00
Pioneer Fund	3,7	10	18,6	Pioneer	USA	US$	6,10
Lion IAct. Amerika	2,7	11	21,4	Lion IAct.	L	US$	2,00
Pioneer II	2,6	12	18,1	Pioneer	USA	US$	6,10
FT Amerika Dynamik	0,4	13	20,4	FT	D	DM	5,00
HSGP North American	-0,5	14	-	Hill Samuel	L	US$	5,26
HSGP US Small. Comp.	-1,4	15	-	Hill Samuel	L	US$	5,26
Alliance Quasar	-2,2	16	23,9	Alliance	USA	US$	6,67
Fondamerika	-2,5	17	22,8	Adig	D	DM	5,00
AGF North American	-5,9	18	15,7	AGF	CAN	CA$	9,29

In- und ausländische Fonds	Berechnungsstichtag: Ende Dezember 1992			Berechnungsmethode: FCS/DM-Berechnung			
Gruppe mit Anlageschwerpunkt: Internationale Aktien	Sortierung: Rendite (3 Jahre)						

Fondsname	Rendite 3 Jahre)	Rang	Risiko-faktor	Management-gesellschaft	Sitz-land	Ausgabe-währung	Ausgabe-aufschlag
SLGP Global Recovery	4,0	1	15,1	Sun Life	L	US$	6,00
Templeton Growth	3,6	2	17,7	Templeton GH	USA	US$	6,10
SLGP Global Masters	3,2	3	14,2	Sun Life	L	US$	6,00
VIP - Selector	2,9	4	23,0	Citinvest	L	US$	5,00
Templeton Small Co.	2,9	5	21,2	Templeton GH	USA	US$	6,10
FT Interspezial	0,7	6	9,7	FT	D	DM	5,00
Dt. Vermögensbdg. I	-0,5	7	13,9	DVG	D	DM	5,00
Gerling Dynamik	-1,5	8	12,8	Gerling	D	DM	4,50
Intervest	-2,6	9	13,1	DWS	D	DM	5,00
FT Interspezial II	-2,7	10	11,4	FT	D	DM	5,00
HWG-Fonds	-3,0	11	12,7	Universal	D	DM	4,00
Akkumula	-3,3	12	12,0	DWS	D	DM	5,00
Mundus-Universal	-3,3	13	12,8	Universal	D	DM	3,00
Unico Equity Fund	-3,8	14	12,8	Unico	L	DM	5,00
BW-Wartberg-Univers.	-3,9	15	12,5	Universal	D	DM	3,75
ivera fonds	-3,9	16	12,1	Gerling	D	DM	9,29
Kapitalfonds Spezial	-4,1	17	12,4	Gerling	D	DM	8,11
Fleming Intl. Equity	-4,2	18	19,1	Fleming	L	US$	5,26
HSGP Global Equity	-4,7	19	-	Hill Samuel	L	US$	5,26
MK Investors Fonds	-5,1	20	14,8	MK	D	DM	7,53
Vermögens-Aufbau-F.	-5,8	21	16,0	DIT	D	DM	5,00
UniGlobal	-5,9	22	14,9	Union	D	DM	5,00
Broad 5 Global Equ.	-6,5	23	16,7	Broadgate	L	US$	5,00
Interglobal	-7,7	24	17,7	DIT	D	DM	5,00
Fondis	-7,8	25	15,6	Adig	D	DM	5,00
Wekanord	-7,9	26	16,7	Nordinvest	D	DM	5,00
Dt. Vermögensbdg. A	-8,1	27	14,6	DVG	D	DM	5,00
Berenberg-Fonds	-9,6	28	13,6	Universal	D	DM	3,00
DekaSpezial	-10,1	29	17,6	Deka	D	DM	5,26
Lion IAct. Wachstum	-10,5	30	20,3	Lion IAct.	L	US$	2,00
Alliance Intl.	-10,7	31	18,8	Alliance	USA	US$	6,67
MAT Int. Aktienfonds	-11,2	32	14,1	Main Anlage	D	DM	5,26
SMH-International	-11,2	33	14,3	SMH Invest	D	DM	6,38
Hansasecur	-12,0	34	15,6	Hansainvest	D	DM	5,00
Formula Selection	-18,1	35	13,0	Formula Sel.	PAN	DM	6,95

In- und ausländische Fonds	Berechnungsstichtag: Ende Dezember 1992			Berechnungsmethode: FCS/DM-Berechnung			
Gruppe mit Anlageschwerpunkt: Rohstoff-Aktien	Sortierung: Rendite (3 Jahre)						

Fondsname	Rendite 3 Jahre)	Rang	Risiko-faktor	Management-gesellschaft	Sitz-land	Ausgabe-währung	Ausgabe-aufschlag
AGF Can.Gas & Energy	-1,0	1	13,1	AGF	CAN	CA$	9,29
DWS-Energiefonds	-5,4	2	14,4	DWS	D	DM	2,50
DWS-Rohstoffonds	-9,6	3	16,7	DWS	D	DM	2,50
Fondiro	-9,8	4	16,9	Adig	D	DM	5,00
DIT-Rohstoffonds	-12,4	5	16,8	DIT	D	DM	3,00
Broad 8 Precs. Met.	-15,1	6	23,1	Broadgate	L	US$	5,00
Oppenh. Spezial II	-18,2	7	17,8	Oppenheim	D	DM	5,00

In- und ausländische Fonds	Berechnungsstichtag:				Berechnungsmethode:			
	Ende Dezember 1992				FCS/DM-Berechnung			
Gruppe mit Anlageschwerpunkt: Asiatische Aktien	Sortierung: Rendite (3 Jahre)							

Fondsname	Rendite 3 Jahre)	Rang	Risiko-faktor	Management-gesellschaft	Sitz-land	Ausgabe-währung	Ausgabe-aufschlag
Fleming Eastern Opp.	8,8	1	24,7	Fleming	L	US$	5,26
DB Tiger Fund	3,8	2	19,6	DBIM	L	DM	5,00
Fleming Pacific Fund	-0,6	3	24,0	Fleming	L	US$	5,26
CP Ind. Asia Equity	-0,8	4	21,8	Citiportfol.	L	US$	5,00
HSGP Pacific Basin	-0,8	5	-	Hill Samuel	L	US$	5,26
Thornton-Lux Tiger	-2,3	6	21,8	dam	L	DM	5,00
Japan Selection Fund	-4,1	7	16,1	Formula Sel.	PAN	DM	6,95
Lion IAct. Asien-Paz	-8,9	8	19,9	Lion IAct.	L	US$	2,00
Fleming Japanese	-9,1	9	28,1	Fleming	L	US$	5,26
Australien-Pazifik	-11,3	10	15,4	Nordinvest	D	DM	5,00
FT Nippon Dynamik	-13,9	11	23,8	FT	D	DM	5,00
UniAsia (Lux)	-14,5	12	23,1	Union Lux.	L	DM	5,00
Adiasia	-15,9	13	20,9	Adig	D	DM	5,00
Japan-Pazifik-Fonds	-17,5	14	23,7	Nordinvest	D	DM	5,00
SLGP Japan Growth	-17,5	15	22,2	Sun Life	L	YEN	6,00
HSGP Japanese Equity	-17,5	16	-	Hill Samuel	L	YEN	5,26
SLGP Far East Growth	-17,6	17	22,4	Sun Life	L	YEN	6,00
DIT-Pazifikfonds	-22,3	18	29,1	DIT	D	DM	3,00
CP Japanese Equity	-29,8	19	31,2	Citiportfol.	L	YEN	5,00

In- und ausländische Fonds	Berechnungsstichtag:				Berechnungsmethode:			
	Ende Dezember 1992				FCS/DM-Berechnung			
Gruppe mit Anlageschwerpunkt: Immobilien	Sortierung: Rendite (3 Jahre)							

Fondsname	Rendite 3 Jahre)	Rang	Risiko-faktor	Management-gesellschaft	Sitz-land	Ausgabe-währung	Ausgabe-aufschlag
WestInvest 1	7,7	1	1,5	RWGI	D	DM	5,50
Difa-Fonds 1	7,6	2	1,5	Difa	D	DM	5,26
DespaFonds	7,6	3	1,3	Despa	D	DM	5,26
iii Fonds Nr. 2	7,5	4	1,4	iii	D	DM	5,00
iii Fonds Nr. 1	7,5	5	1,1	iii	D	DM	5,00
Grundbesitz-Invest	7,5	6	1,1	DGI	D	DM	5,00
Grundwert Fonds	7,2	7	0,9	Degi	D	DM	5,50
Haus-Invest	7,1	8	0,9	DGI	D	DM	5,00
Difa-Grund	6,7	9	2,7	Difa	D	DM	5,26
Hansaimmobilia	6,4	10	1,2	Hansainvest	D	DM	5,00
BfG ImmoInvest	6,3	11	1,4	BfG Immob.	D	DM	5,50
AGI-Fonds 1	4,5	12	0,8	AGI	D	DM	5,00

In- und ausländische Fonds	Berechnungsstichtag:				Berechnungsmethode:			
	Ende Dezember 1992				FCS/DM-Berechnung			
Gruppe mit Anlageschwerpunkt: Technologie-Aktien	Sortierung: Rendite (3 Jahre)							

Fondsname	Rendite 3 Jahre)	Rang	Risiko-faktor	Management-gesellschaft	Sitz-land	Ausgabe-währung	Ausgabe-aufschlag
DIT-Technologiefonds	-3,6	1	19,0	DIT	D	DM	3,00
DWS-Technologiefonds	-7,9	2	16,3	DWS	D	DM	2,50
Aditec	-10,6	3	21,8	Adig	D	DM	5,00
Techno-Growth Fund	-11,8	4	14,3	Formula CM	PAN	DM	5,99

In- und ausländische Fonds Berechnungsstichtag: Ende Dezember 1992 Berechnungsmethode: FCS/DM-Berechnung
Gruppe mit Anlageschwerpunkt: DM-Rentenwerte Sortierung: Rendite (3 Jahre)

Fondsname	Rendite 3 Jahre)	Rang	Risiko-faktor	Management-gesellschaft	Sitz-land	Ausgabe-währung	Ausgabe-aufschlag
Allianz Rentenfonds	8,3	1	3,2	Allianz	D	DM	2,50
Liga-Pax-Rent	8,2	2	-	Union	D	DM	3,00
BW-Renta-Universal	7,9	3	3,1	Universal	D	DM	2,50
Kapitalfonds Prozins	7,7	4	3,1	Gerling	D	DM	4,50
BL-Rent DWS	7,5	5	3,4	DWS	D	DM	3,60
Agrippina-rent-allf.	7,5	6	3,5	Allfonds	D	DM	3,50
Dt. Rentenfonds	7,5	7	3,2	DIT	D	DM	2,50
BfG Rentenfonds	7,5	8	2,5	BfG Invest	D	DM	4,00
Inrenta	7,5	9	2,9	DWS	D	DM	2,50
Nordstern-Fonds RK	7,4	10	2,7	Rhein. KAG	D	DM	3,50
HCM DM-Rent	7,4	11	-	HCM Lux.	L	DM	2,50
AL Trust Fonds R	7,3	12	2,9	AL Trust	D	DM	4,00
BBV-Fonds	7,3	13	2,9	Union	D	DM	3,00
Gerling Rendite	7,3	14	2,8	Gerling	D	DM	3,00
Colonia-Rentenfonds	7,2	15	2,9	Rhein. KAG	D	DM	3,50
BB-DMrent-Invest	7,2	16	-	BB-Invest	D	DM	3,00
Vereinte Rendite	7,2	17	3,6	DIT	D	DM	3,50
Albingia Rendite	7,2	18	2,9	DWS	D	DM	3,63
Citibank Rendite	7,1	19	2,5	Union	D	DM	3,00
Barmenia Rendite	7,1	20	3,4	DWS	D	DM	3,50
FT Interzins	7,1	21	2,9	FT	D	DM	3,00
LG-Rentenfonds	7,0	22	3,2	Deka	D	DM	3,00
Nürnberger Renten	7,0	23	3,5	DWS	D	DM	4,17
Zürich Renten	7,0	24	2,9	Zürich Inv.	D	DM	4,00
Oppenh. Priva-Rent	6,9	25	3,1	Oppenheim	D	DM	3,00
VR-Vermögensfonds	6,9	26	2,8	Union	D	DM	3,20
ARA-Renditefonds	6,9	27	3,2	DIT	D	DM	3,60
Lux-Select	6,9	28	-	MM Warb.-Lux	L	DM	3,00
NB-Rentenfonds RK	6,8	29	3,0	Rhein. KAG	D	DM	3,00
UniZins	6,8	30	3,3	Union	D	DM	3,00
DVG All-Rent	6,7	31	1,6	DVG	D	DM	2,50
Köln-Renten Deka	6,7	32	3,4	Deka	D	DM	3,63
PVFrent-allfonds	6,7	33	3,7	Allfonds	D	DM	2,90
MMWI-Renakop-Fonds	6,6	34	1,2	MMWI	D	DM	2,00
WWK-Rent-Adig	6,6	35	3,7	Adig	D	DM	3,90
Gotharent-Adig	6,5	36	3,6	Adig	D	DM	3,60
MK Rentak Fonds	6,5	37	1,8	MK	D	DM	4,17
Volkswohl Bund Rend.	6,5	38	3,8	SKA Invest	D	DM	4,00
Inka-Rent	6,5	39	2,9	Inka	D	DM	3,00
Victoria Rent-Adig	6,5	40	3,8	Adig	D	DM	3,50
SKA Invest Renten D	6,4	41	3,3	SKA Invest	D	DM	2,00
Adirenta	6,4	42	3,5	Adig	D	DM	3,00
Hansarenta	6,3	43	3,4	Hansainvest	D	DM	3,50
Ring-Rentenfonds	6,3	44	2,8	DWS	D	DM	4,71
Stuttgarter Renten	6,3	45	3,6	FT	D	DM	3,50
DBV + Partnerrent	6,3	46	4,0	Adig	D	DM	3,60
Wüstenrot Renten	6,2	47	1,6	Allianz	D	DM	3,00
HM Rentenfonds BKG	6,2	48	2,6	Bayer. KAG	D	DM	4,00
RenditDeka	6,2	49	4,8	Deka	D	DM	3,00
S-BayRent Deka	6,1	50	3,8	Deka	D	DM	3,63
LVM-Fonds	6,0	51	2,5	Union	D	DM	5,00
Re-Inrenta	6,0	52	3,2	DWS	D	DM	2,50
Vermögens-Ertrag-F.	5,9	53	3,6	DIT	D	DM	4,00
Fondilux	5,7	54	3,5	A.L.S.A.	L	DM	3,00
Elfozins	5,6	55	3,3	Axa Elfo	D	DM	3,75
SMH-Rentenfonds	5,1	56	3,6	SMH Invest	D	DM	3,00
Akku-Invest	4,4	57	3,1	WestKA	D	DM	3,00
FT Re-Spezial	4,3	58	3,3	FT	D	DM	5,00
BerolinaRent Deka	4,1	59	5,1	Deka	D	DM	3,63
Inka-Re-Invest	3,7	60	3,7	Inka	D	DM	3,00
Oppenh. Spezial I	3,6	61	3,3	Oppenheim	D	DM	3,00
RK-Portfolio E	0,4	62	4,7	Rhein. KAG	D	DM	5,00

In- und ausländische Fonds · Berechnungsstichtag: Ende Dezember 1992 · Berechnungsmethode: FCS/DM-Berechnung
Gruppe mit Anlageschwerpunkt: Internationale Rentenwerte · Sortierung: Rendite (3 Jahre)

Fondsname	Rendite 3 Jahre)	Rang	Risikofaktor	Managementgesellschaft	Sitzland	Ausgabewährung	Ausgabeaufschlag
FT Accuzins	9,8	1	3,7	FT	D	DM	3,00
BW-Renta-Internatl.	8,7	2	5,3	Universal	D	DM	2,50
CP Asia Pacific Bond	8,3	3	10,9	Citiportfol.	L	YEN	5,00
Augsburger Renten	8,3	4	7,3	Euroinvest	D	DM	1,50
UniRenta	7,9	5	4,2	Union	D	DM	3,00
Gerling Global Rent	7,8	6	4,7	Gerling	D	DM	3,75
Fondirent	7,7	7	6,5	Adig	D	DM	3,00
DekaLux-Bond	7,7	8	4,5	Deka Intl.	L	DM	3,00
Dt. Vermögensbdg. R	7,6	9	2,7	DVG	D	DM	3,00
Allianz Inter-Rent	7,6	10	4,0	Allianz	D	DM	3,75
Inter-Renta	7,4	11	3,6	DWS	D	DM	3,00
Volkswohl Bund Intl.	7,4	12	6,1	SKA Invest	D	DM	4,00
Interbond	7,2	13	5,0	Hansa-N.-Lux	L	DM	3,50
DekaZins-internatl.	7,2	14	2,7	Deka	D	DM	2,50
Zürich Inter-Renten	7,1	15	3,4	Zürich Inv.	D	DM	4,00
Colonia-Intersecur	7,1	16	5,8	Rhein. KAG	D	DM	3,50
Oppenh. Spezial IV	7,1	17	0,4	Oppenheim	D	DM	3,00
Adilux	7,0	18	5,6	A.L.S.A.	L	DM	3,00
Inter. Rentenfonds	7,0	19	5,9	DIT	D	DM	3,00
HCM Lux Interbond	7,0	20	4,6	HCM Lux.	L	DM	3,00
Berenberg-Renten	6,9	21	3,6	Universal	D	DM	2,50
Inka-Rendite	6,8	22	4,4	Inka	D	DM	3,00
Nordst.-Col.Interlux	6,5	23	5,0	Oppenh.Intl.	L	DM	3,50
MAT Int. Rentenfonds	6,5	24	7,0	Main Anlage	D	DM	3,09
SKA Invest Renten I	6,4	25	6,3	SKA Invest	D	DM	2,50
MM Warburg-LuxBond	6,4	26	3,5	MM Warb.-Lux	L	DM	3,00
Fleming Intl. Bond	6,4	27	8,5	Fleming	L	US$	5,26
Luxinv. GlobalRent	6,4	28	4,7	BfG Luxinv.	L	DM	3,00
Nordrenta Intl.	6,3	29	6,6	Nordinvest	D	DM	3,50
SLGP Haven	6,2	30	12,1	Sun Life	L	UK£	5,00
DIT-Lux Bondspez. A	6,2	31	5,1	dam	L	DM	3,00
BfG Zinsglobal	6,2	32	5,2	BfG Invest	D	DM	4,00
Hansainternational	6,0	33	4,9	Hansainvest	D	DM	3,50
SLGP Global Bond	6,0	34	9,5	Sun Life	L	US$	6,00
BB-Multirent-Invest	6,0	35	5,1	BB-Invest	D	DM	3,00
Unico Investment	5,9	36	3,0	Unico	L	DM	3,00
DekaRent-internatl.	5,9	37	6,2	Deka	D	DM	3,00
Broad 4 Non-$ Bonds	5,8	38	4,1	Broadgate	L	DM	5,00
Profirent S.A.	5,8	39	3,0	Unico	L	DM	3,00
Broad 6 Global Bds	5,7	40	8,6	Broadgate	L	US$	5,00
MK Rentex Fonds	5,7	41	1,9	MK	D	DM	4,17
Maffei Interrent OP	5,2	42	3,7	Oppenheim	D	DM	3,50
Luxinv. SecuraRent	5,1	43	-	BfG Luxinv.	L	DM	3,00
SMH-Rentenfonds-Int.	5,0	44	5,6	SMH Invest	D	DM	3,00
LG-Intl.-Rentenfonds	4,9	45	4,3	Deka	D	DM	3,00
Kölner Rentenfonds	4,9	46	4,7	Union	D	DM	3,50
OP-Rendakta	4,9	47	5,0	Oppenheim	D	DM	3,00
DEVK-Sparda-Rent	4,5	48	5,2	SKA Invest	D	DM	3,50
Marcard, Stein-Rent	4,3	49	4,1	Universal	D	DM	3,00
Adirewa	3,9	50	6,7	Adig	D	DM	3,00
Wüstenrot Globalrent	3,6	51	5,5	Wüstenrot GM	L	DM	3,00
MK Interrent	2,9	52	5,0	MK	D	DM	5,26
HSGP Global Bond	2,4	53	-	Hill Samuel	L	US$	5,26

In- und ausländische Fonds
Gruppe mit Anlageschwerpunkt: Euro-Rentenwerte
Berechnungsstichtag: Ende Dezember 1992
Sortierung: Rendite (3 Jahre)
Berechnungsmethode: FCS/DM-Berechnung

Fondsname	Rendite 3 Jahre)	Rang	Risikofaktor	Managementgesellschaft	Sitzland	Ausgabewährung	Ausgabeaufschlag
BHF-Europazins Lux	8,7	1	4,1	BHF Invest	L	DM	3,00
Lion IObl. Lux. Fr.	7,6	2	4,0	Lion IObl.	L	BFR	1,00
Euronordrenta	7,5	3	-	Nordinvest	D	DM	3,50
DIT-Eurozins	7,4	4	3,8	DIT	D	DM	3,00
Wüstenrot Europarent	7,1	5	2,7	Wüstenrot IM	L	DM	3,00
ECU Capitalisation	7,1	6	3,6	Gestion ECU	L	ECU	1,00
NB-Eurorent DIT	7,1	7	3,7	DIT	D	DM	3,00
UniLux (Lux)	6,4	8	3,4	Union Lux.	L	DM	3,00
Adiropa	6,3	9	-	Adig	D	DM	3,00
Magdeburger Wert	6,2	10	3,3	DIT	D	DM	4,00
Eurorenta	6,2	11	3,5	DBIM	L	DM	3,00
WestRendit	6,1	12	3,9	WestLB CM	L	DM	3,00
Rentensparfonds	5,7	13	3,8	Universal	D	DM	3,00
CP European Bond	5,4	14	4,4	Citiportfol.	L	ECU	5,00
CI Guardian Euro	3,6	15	5,0	Citinvest	L	ECU	3,00
HSGP Sterling Fixed	2,6	16	-	Hill Samuel	L	UK£	5,26
HSGP Euro. Fix. Int.	-0,3	17	-	Hill Samuel	L	DM	5,26

In- und ausländische Fonds
Gruppe mit Anlageschwerpunkt: DM-Rentenwerte (Kurzläufer)
Berechnungsstichtag: Ende Dezember 1992
Sortierung: Rendite (3 Jahre)
Berechnungsmethode: FCS/DM-Berechnung

Fondsname	Rendite 3 Jahre)	Rang	Risikofaktor	Managementgesellschaft	Sitzland	Ausgabewährung	Ausgabeaufschlag
Basis-Fonds I	9,3	1	1,9	FT	D	DM	0,00
DM Reserve Fonds	9,0	2	0,6	DBIM	L	DM	1,00
UniKapital	8,2	3	1,1	Union	D	DM	2,50
HCM DM-Kurz	7,9	4	-	HCM Lux.	L	DM	0,50
Dt. Rentenfonds K	7,9	5	1,8	DIT	D	DM	2,00
DekaLux-Flex	7,7	6	-	Deka Intl.	L	DM	0,75
FT Accurent K	7,6	7	0,7	FT	D	DM	1,00
Hansazins	7,5	8	2,5	Hansainvest	D	DM	1,00
Oppenh. Inland-Rent	7,5	9	2,8	Oppenheim	D	DM	1,00
Adikur	7,3	10	0,8	Adig	D	DM	2,00
DekaTresor	7,1	11	2,7	Deka	D	DM	2,50
DVG Select-Rent	7,0	12	0,8	DVG	D	DM	2,50

In- und ausländische Fonds
Gruppe mit Anlageschwerpunkt: Dollar-Rentenwerte
Berechnungsstichtag: Ende Dezember 1992
Sortierung: Rendite (3 Jahre)
Berechnungsmethode: FCS/DM-Berechnung

Fondsname	Rendite 3 Jahre)	Rang	Risikofaktor	Managementgesellschaft	Sitzland	Ausgabewährung	Ausgabeaufschlag
Dollarrenta	6,9	1	11,7	DBIM	L	US$	3,00
CP North Am. $ Bond	6,1	2	11,3	Citiportfol.	L	US$	5,00
SMH-Dollar-Renten	5,9	3	11,4	SMH Invest	D	DM	3,00
Thesaurent	5,8	4	7,3	DIT	D	DM	2,50
Lion IObl. US-D	4,9	5	11,6	Lion IObl.	L	US$	1,00
Broad 3 $-Bonds	4,1	6	11,0	Broadgate	L	US$	5,00

In- und ausländische Fonds	Berechnungsstichtag: Ende Dezember 1992	Berechnungsmethode: FCS/DM-Berechnung
Gruppe mit Anlageschwerpunkt: Intl. Rentenwerte (Kurzläufer)	Sortierung: Rendite (3 Jahre)	

Fondsname	Rendite 3 Jahre)	Rang	Risiko-faktor	Management-gesellschaft	Sitz-land	Ausgabe-währung	Ausgabe-aufschlag
FF-Reserve	10,6	1	1,6	DBIM	L	FF	1,00
Broad 2 Non-$ Short	8,2	2	1,2	Broadgate	L	DM	0,00
DVG Inter-Sel.-Rent	7,9	3	2,0	DVG	D	DM	2,50
Inter. Rentenfonds K	7,1	4	5,0	DIT	D	DM	2,50
Broad 1 $ Short T.	4,0	5	13,4	Broadgate	L	US$	0,00

In- und ausländische Fonds	Berechnungsstichtag: Ende Dezember 1992	Berechnungsmethode: FCS/DM-Berechnung
Gruppe mit Anlageschwerpunkt: Gemischt anlegende Fonds	Sortierung: Rendite (3 Jahre)	

Fondsname	Rendite 3 Jahre)	Rang	Risiko-faktor	Management-gesellschaft	Sitz-land	Ausgabe-währung	Ausgabe-aufschlag
Condor-Fonds	7,5	1	4,6	Union	D	DM	5,00
Putnam George Fund	5,4	2	15,2	Putnam MC	USA	US$	6,10
Ring-International	4,8	3	3,9	DWS	D	DM	4,71
FMM-Fonds	4,6	4	7,2	FT	D	DM	0,00
GKD-Fonds	2,7	5	8,2	DWS	D	DM	4,00
CI Managed Gr. Euro	-0,7	6	8,2	Citinvest	L	ECU	4,00
Fiduka-Fonds I	-1,6	7	11,5	Universal	D	DM	6,00
Oppenh. Spezial III	-1,7	8	10,6	Oppenheim	D	DM	3,00
Elfoflex	-1,7	9	9,2	Axa Elfo	D	DM	4,75
Broad 7 Bonds/Equ.	-1,8	10	12,1	Broadgate	L	US$	5,00
UniRak	-2,2	11	9,5	Union	D	DM	5,00
Trinkaus Capital	-2,4	12	11,0	Inka	D	DM	3,00
MK Analytik Fonds	-2,7	13	9,7	MK	D	DM	5,26
RK-Portfolio W	-2,8	14	8,9	Rhein. KAG	D	DM	5,00
Focus Welt	-3,3	15	9,1	Euroinvest	D	DM	4,50
HSGP Global Managed	-4,6	16	-	Hill Samuel	L	US$	5,26
Berenberg-Effekten	-5,1	17	11,2	Universal	D	DM	3,00
Frankf.-Sparinvest	-5,1	18	15,6	Deka	D	DM	4,17
Fondra	-5,4	19	12,4	Adig	D	DM	5,00
CI Managed Gr. USD	-5,5	20	15,6	Citinvest	L	US$	4,00
Plusfonds	-5,6	21	15,7	Adig	D	DM	5,00
Marcard-Universal	-5,9	22	16,9	Universal	D	DM	3,00
Bethmann-Taunus	-6,8	23	16,0	Universal	D	DM	3,00
Select-Universal	-9,2	24	15,2	Universal	D	DM	3,00

Quelle + Copyright: FCS Finanz-Computer-Service (Dieter Reitz), 5042 Erftstadt 12

4. Porträts: 5 Spitzen-Fonds

Die folgenden Fonds-Porträts sind dem Jahrbuch „Investment 1992" entnommen, das vom F&V-Finanzverlag in Berlin (Nürnberger Str. 67, 1000 Berlin 30, Tel. 030/210631) herausgegeben wird. Das unter gleicher Anschrift anzutreffende F&V Investment-Informations-Center unterhält in Berlin eine Fondsboutique, um Interessenten über Investmentfonds zu beraten und bei Bedarf gewünschte Fonds zu vermitteln.

Der F&V-Finanzverlag gibt einen monatlich erscheinenden „Investment-Fonds-Newsletter" heraus, der im Jahresabonnement 96 DM kostet. Das Jahrbuch „Investment 1992" enthält 32 ausgewählte Investmentfonds, aus denen ich wiederum 5 besonders attraktive Fonds herausgepickt habe. Diese Fonds haben in der Vergangenheit in ihrer jeweiligen Fondsklasse Spitzenplätze belegt. Es handelt sich dabei um folgende Spitzen-Fonds:

- DIT-Fonds für Vermögensbildung (Typ Aktienfonds Deutschland)
  Platz 8 mit 10,3 % Rendite im 10-Jahres-Zeitraum
  mit Ende 1992
  Platz 1 mit 11,1 % Rendite im 5-Jahres-Zeitraum
  mit Ende 1992
- Akkumula (Typ Aktienfonds Ausland)
  Platz 1 mit 12,6 % Rendite im 10-Jahres-Zeitraum
  mit Ende 1992
  Platz 1 mit 9,2 % Rendite im 5-Jahres-Zeitraum
  mit Ende 1992
- Inter-Renta (Typ Rentenfonds Ausland)
  Platz 1 mit 7,9 % Rendite im 10-Jahres-Zeitraum
  mit Ende 1992
  Platz 4 mit 8,7 % Rendite im 5-Jahres-Zeitraum
  mit Ende 1992
- DM Reserve Fonds (Typ geldmarktnahe Luxemburger Fond deutscher Herkunft)
  Platz 1 mit 9,2 % Rendite im 4-Jahres-Zeitraum
  mit Ende 1992
  Platz 11 mit 7,2 % Rendite im 1-Jahres-Zeitraum
  mit Ende 1992

- Grundwert-Fonds (Typ offene Immobilienfonds)
  Platz 1 mit 6,8 % Rendite im 10-Jahres-Zeitraum
  mit Ende 1992
  Platz 1 mit 6,9 % Rendite im 5-Jahres-Zeitraum
  mit Ende 1992

Diese 5 Spitzen-Fonds werden auf den nächsten Seiten im einzelnen vorgestellt. In einer Graphik wird deutlich, daß sie allesamt vergleichbare Indices geschlagen haben. Ob dies auch für die Zukunft gilt, kann selbstverständlich nicht mit Sicherheit vorausgesagt werden. Möglich auch, daß sie im Laufe der nächsten Jahre durch andere Fonds vom Spitzenplatz verdrängt werden. Dennoch ist nicht von einem totalen Absturz im Sinne von „Die Ersten werden die Letzten sein" auszugehen. Wer in den letzten 10 Jahren vorne lag, wird in den nächsten 10 Jahren wohl nicht auf den hinteren Plätzen landen.

DIT Fonds für Vermögensbildung – Kategorie: Aktienfonds Deutschland

I. Allgemeine Angaben

Besondere Anlageziele	hohe Dividendenrendite; geringe Kursschwankungen
Anlagespektrum	vorwiegend deutsche Standardwerte
Kapitalanlagegesellschaft	DIT (Deutscher Investment-Trust Ges. f. Wertpapieranlagen mbH)
Depotbank	Dresdner Bank AG
Fondsmanager	Managerteam
Auflegungsdatum	1.7.1970
Geschäftsjahr	1.1. bis 31.12.
Ausschüttungstermin	1.1. bis 31.3. (bisher 15.2.)
Fondswährung	DM

II. Kosten und Gebühren

Ausgabeaufschlag	5,0 Prozent
Managementgebühr	0,5 Prozent p.a.
Depotbankgebühr	0,04 Prozent p.a.
sonstige direkte Kosten	keine

III. Anlagemöglichkeit

Mindestanlage	500 DM
Auszahlplan	ab 10.000 DM
Sparplan	ab 100 DM

IV. Variable Größen

Fondsvolumen	594 Mio. DM
Rücknahmepreis pro Anteil	91,03 DM (1.1.1992)
Letzter Ausschüttungsbetr.	4,35 DM (davon 1,35 DM anrechenbare Steuern)
Steuerpfl. Einnahmen	4,35 DM
Anlageerfolg	
1 Jahr	5,9 Prozent
10 Jahre	13,6 Prozent p.a.
seit Auflage	9,1 Prozent p.a. (21 Jahre)

V. Bemerkungen   Platz 1 unter den in Deutschland zugelassenen deutschen Aktienfonds über 5 Jahre (1.1.1987 bis 1.1.1992).

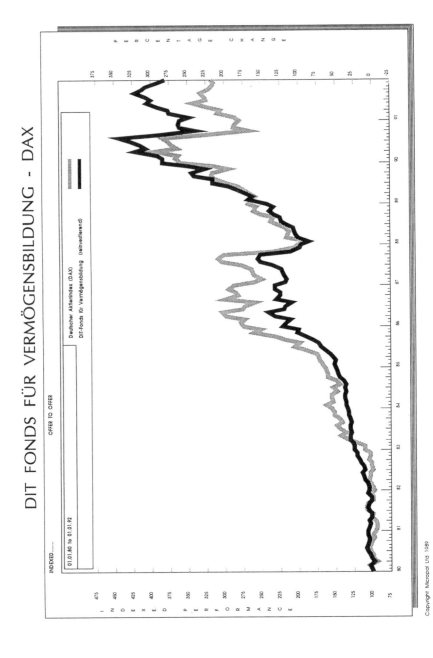

Akkumula – Kategorie: Aktienfonds Ausland

I. Allgemeine Angaben
Besondere Anlageziele
Anlagespektrum | internationale Aktien
Kapitalanlagegesellschaft | DWS (deutsche Gesellsch. f. Wertpapiersparen mbH)
Depotbank | Deutsche Bank AG
Fondsmanager | Klaus Kaldemorgen seit 1992 (vorher „Intervest")
Auflegungsdatum | 3.7.1961
Geschäftsjahr | 1.10. bis 30.9.
Ausschüttungstermin | Ertragsthesaurierung
Fondswährung | DM

II. Kosten und Gebühren
Ausgabeaufschlag | 5,0 Prozent
Managementgebühr | 0,5 Prozent p.a.
Depotbankgebühr | keine Angaben
sonstige direkte Kosten | keine

III. Anlagemöglichkeit
Mindestanlage | 10.000 DM (Orientierung)
Auszahlplan | ab 50.000 DM
Sparplan | ab 250 DM pro Monat oder pro Quartal

IV. Variable Größen
Fondsvolumen | Fondsvolumen 217 Mio. DM
Rücknahmepreis pro Anteil | 300,46 DM
Letzter Ausschüttungsbetr. | 12,37 DM, thesauriert, (dav. 1,51 DM anrechenbare Steuern)
Steuerpfl. Einnahmen | 12,37 DM
Anlageerfolg
  1 Jahr | 5,3 Prozent
  10 Jahre | 15,1 Prozent p.a.
  seit Auflage | 6,1 Prozent p.a. (30 Jahre)

V. Bemerkungen | Platz 3 aller in Deutschland zugelassenen Investmentfonds über 10 Jahre (1.1.1982 bis 1.1.1992).

AKKUMULA - MSCI WELT-INDEX

OFFER TO OFFER

INDEXED......

01.01.80 to 01.01.92

MSCI World Index DM (reinvestierend)
Akkumula DM (reinvestierend)

Interrenta – Kategorie: Rentenfonds Ausland

I. Allgemeine Angaben

Besondere Anlageziele	hohe Verzinsung
Anlagespektrum	internationale Rentenwerte
Kapitalanlagegesellschaft	DWS (Deutsche Gesellsch. f. Wertpapiersparen mbH)
Depotbank	Deutsche Bank AG
Fondsmanager	Herr Benker
Auflegungsdatum	1.7.1969
Geschäftsjahr	1.10. bis 30.9.
Ausschüttungstermin	November
Fondswährung	DM

II. Kosten und Gebühren

Ausgabeaufschlag	3,0 Prozent
Managementgebühr	0,5 Prozent
Depotbankgebühr	keine Angaben
sonstige direkte Kosten	keine

III. Anlagemöglichkeit

Mindestanlage	10.000 DM (Orientierung)
Auszahlplan	ab 50.000 DM
Sparplan	ab 250 DM pro Monat oder pro Quartal

IV. Variable Größen

Fondsvolumen	22.184 Mio. DM
Rücknahmepreis pro Anteil	32,84 DM
Letzter Ausschüttungsbetr.	3,40 DM
Steuerpfl. Einnahmen	3,36 DM
Anlageerfolg	
1 Jahr	11,6 Prozent
10 Jahre	10,0 Prozent p.a.
seit Auflage	7,9 Prozent p.a. (22 Jahre)
V. Bemerkungen	Platz 2 aller in Deutschland zugelassenen Rentenfonds über 10 Jahre (1.1.1982 bis 1.1.1992); größter deutscher Investmentfonds.

INTER-RENTA - DURCHSCHNITT INTERNATIONALE RENTENFONDS

DM Reserve Fonds – Kategorie: geldmarktnahe Fonds

I. Allgemeine Angaben	
Besondere Anlageziele	hohe Rendite bei geringen Kursschwankungen
Anlagespektrum	Rentenwerte (überw. in DM) mit kurzer Restlaufzeit
Kapitalanlagegesellschaft	DBIM (Deutsche Bank Investment Management S.A.)
Depotbank	Deutsche Bank Luxembourg S.A.
Fondsmanager	Dr. Klaus Meyer-Cording
Auflegungsdatum	14.7.1988 (Luxembourg)
Geschäftsjahr	1.1. bis 31.12.
Ausschüttungstermin	Ertragsthesaurierung
Fondswährung	DM
II. Kosten und Gebühren	
Ausgabeaufschlag	1,0 Prozent
Managementgebühr	0,5 Prozent p.a.
Depotbankgebühr	0,1 Prozent p.a.
sonstige direkte Kosten	keine
III. Anlagemöglichkeit	
Mindestanlage	beliebig
Auszahlplan	ab 30.000 DM (Orientierung)
Sparplan	beliebig
IV. Variable Größen	
Fondsvolumen	4.604 Mio. DM (30.6.1991); 1.275 Mio. DM (1.1.1992) (Reduzierung des Volumens wg. Umschichtungen)
Rücknahmepreis pro Anteil	134,94 DM
Letzter Ausschüttungsbetr.	11,44 DM, thesauriert
Steuerpfl. Einnahmen	10,08 DM
Anlageerfolg	
1 Jahr	9,4 Prozent
10 Jahre	
seit Auflage	9,8 Prozent p.a. (3 Jahre)
V. Bemerkungen	Bester in Deutschland zugelassener geldmarktnaher Fonds über 3 Jahre; Verlängerung der durchschnittlichen Restlaufzeit von 1 auf 2 Jahre per 1992.

DM RESERVE FONDS - FESTGELD < 1 MIO. DM

INDEXED — OFFER TO OFFER

01.08.88 to 01.01.92

- DM Festgeld <1 Mio DM
- DWS DM Reserve (reinvestierend)

Copyright Micropal Ltd 1989

Grundwert-Fonds 1 – Kategorie: offene Immobilienfonds

I. Allgemeine Angaben

Besondere Anlageziele	stetiger Wertzuwachs und hohe Erträge
Anlagespektrum	Gewerbeimmobilien; besonders in Deutschland
Kapitalanlagegesellschaft	DEGI (Deutsche Gesellsch. f. Immobilienfonds mbH)
Depotbank	Dresdner Bank AG, Frankfurt
Fondsmanager	Günter Süberling, Klaus Hohmann, Herbert Wagner
Auflegungsdatum	7.11.1972
Geschäftsjahr	1.10. bis 30.9.
Ausschüttungstermin	Januar
Fondswährung	DM

II. Kosten und Gebühren

Ausgabeaufschlag	5,5 Prozent
Managementgebühr	0,5 Prozent p.a.
Depotbankgebühr	0,05 Prozent p.a.
sonstige direkte Kosten	keine

III. Anlagemöglichkeit

Mindestanlage	500 DM
Auszahlplan	ab 15.000 DM
Sparplan	ab 50 DM (mindestens 600 DM p.a.)

IV. Variable Größen

Fondsvolumen	5.517 Mio. DM
Rücknahmepreis pro Anteil	136,00 DM
Letzter Ausschüttungsbetr.	7,00 DM
Steuerpfl. Einnahmen	5,43 DM
Anlageerfolg	
1 Jahr	8,6 Prozent
10 Jahre	7,2 Prozent p.a.
seit Auflage	7,2 Prozent p.a. (19 Jahre)

V. Bemerkungen

Bester und größter zugelassener Fonds seiner Art in Deutschland über 5, 10 und 15 Jahre; seit Auflage blieben durchschnittlich 60 % des Anlageerfolges (Ausschüttung per Kursgewinn) steuerfrei.

GRUNDWERT-FONDS 1 - LEBENSHALTUNGS-INDEX DEUTSCHLAND

OFFER TO OFFER

INDEXED........
01.01.80 to 01.01.92

Lebenhaltungs-Index Deutschland
Grundwert-Fonds 1 (reinvestierend)

Copyright Micropal Ltd 1989

V. Adressen

Wo Sie Informationen bekommen und Ihre Fonds kaufen

Auch für die Anlage in Investmentfonds gilt: Information ist alles. Nützliche Informationen erhalten Sie von Spezialanbietern, die Sie ständig über Fonds auf dem laufenden halten. Dazu zählen der BVI (Bundesverband Deutscher Investment-Gesellschaften) in Frankfurt, der F&V-Finanzverlag in Berlin sowie der FCS (Finanz-Computer-Service) in Erftstadt. Adressen finden Sie auf der nächsten Seite.

Über 80 Prozent aller deutschen Fonds werden über den Bankschalter verkauft. Freie Berater und Vermittler von Fonds gewinnen jedoch immer mehr an Bedeutung. Dies gilt vor allem für den Vertrieb von Auslandsfonds. Der direkte Draht zur Fondsgesellschaft wird nur von einer Minderheit von Anlegern gesucht.

Mit 85 Prozent Marktanteil beherrschen die fünf Großen den deutschen Fondsmarkt: Deutsche Bank mit DWS, Dresdner Bank mit DIT, Commerzbank/Bayrische Vereinsbank mit ADIG, Sparkassen mit DEKA sowie Volksbanken und Raiffeisenkassen mit UNION. Die Vorstellung dieses Fonds-Quintetts im zweiten Abschnitt nimmt daher einen großen Raum ein. Dabei werden nicht nur sämtliche Adressen, sondern auch alle Einzelfonds der fünf Großen aufgeführt.

Die restlichen 15 Prozent des Fondsvermögens teilen sich über 30 weitere deutsche Fondsgesellschaften. Hinzu kommt noch eine Fülle von ausländischen Fondsgesellschaften, die vor allem internationale Aktienfonds anbieten.

Eine besondere Stellung nehmen die Anbieter von Fonds-Picking wahr. Sie verkaufen keine Einzelfonds, sondern betreiben praktisch eine Vermögensverwaltung über Wertpapierdepots, in denen verschiedene Fonds enthalten sind.

Die Qual der Wahl unter 100 Fondsgesellschaften und 1.000 Investmentfonds bleibt keinem privaten Anleger erspart. Die folgenden Übersichten sollen diese Wahl erleichtern. Bevor Sie sich für den Kauf eines Fondsanteils entscheiden, sollten Sie sich von den Fondsgesellschaften oder ihren Depotbanken auf jeden Fall den ausführlichen und offiziellen Emissionsprospekt aushändigen lassen. Achten Sie beim Durchblättern dieses Prospekts insbesondere auf die Anlageschwerpunkte Ihres in die engere Wahl gezogenen Fonds. Nur wenn diese Schwerpunkte mit Ihrer Anlagementalität übereinstimmen, empfiehlt sich ein Engagement.

1. Informationsanbieter: Die gläsernen Investmentfonds

- BVI (Bundesverband Deutscher Investment-Gesellschaften e.V.), Eschenheimer Anlage 28, 6000 Frankfurt 1, Tel. 069/154090-0, Fax 069/5971406
  (Der BVI gibt monatlich kostenlos Tabellen über die Wertentwicklung aller deutschen Investmentfonds und der Luxemburger Fonds deutscher Herkunft heraus, außerdem einmal jährlich ein Jahrbuch „Investment"-Daten, Fakten, Entwicklungen – sowie Steuerinformationen über Fonds, ebenfalls kostenlos.)

- FCS Finanz-Computer-Service (Dieter Reitz), Schloßstr. 12–14, 5042 Erftstadt 12, Tel. 02235/76667, Fax 02235/78128
  (Der FCS veröffentlicht monatlich Investmentfonds-Ergebnisse in- und ausländischer Anbieter und bietet mit einer speziellen Investmentfonds-Software Orientierungshilfen für Berater, Vermittler und alle Finanzdienstleister; FCS ist ein von der Finanzbranche unabhängiges Unternehmen und vermittelt oder vertreibt keinerlei Finanzprodukte, insbesondere keine Investmentfonds.)

- F&V-Finanzverlag GmbH, Nürnberger Str. 67, 1000 Berlin 30, Tel. 030/210631, Fax 030/2189892
  (Der F&V gibt einen monatlich erscheinenden „Investment-Fonds-Newsletter" zum Jahresabonnement-Preis von 96 DM heraus sowie, für Abonnenten kostenlos, das Jahrbuch „Investment 1993", das Jahrbuch „Immobilienfonds 1993" und den „Investmentkatalog 1993". Die Fondsboutique in Berlin, Nürnberger Str. 67, steht allen Fonds-Interessenten offen. Auf Wunsch werden auch Investmentfonds vermittelt.)

- „Der Geldanlage-Berater", Verlag Norman Rentrop, Theodor-Heuss-Str. 5, 5300 Bonn 2, Tel. 0228/8205-0, Fax 0228/ 364411 (Der GB ist ein Loseblattwerk mit zweimonatlich erscheinenden Aktualisierungs- und Ergänzungslieferungen und veröffentlicht halbjährlich die Top Ten der Aktien-, Renten- und offenen Immobilienfonds; neben Investmentfonds werden auch alle anderen Geldanlagen ausführlich behandelt.)

Besonders in den folgenden Wirtschaftszeitschriften finden sich regelmäßig Fachbeiträge über Investmentfonds:

- Wirtschaftswoche, Börse online (erscheinen wöchentlich)
- DM, Capital, Finanzen (erscheinen monatlich)
- Finanztest (erscheint zweimonatlich)

Als Wirtschaftszeitung ist das börsentäglich erscheinende „Handelsblatt" unbedingt empfehlenswert. Tageszeitungen mit großem Wirtschaftsteil sind u. a.:

- FAZ (Frankfurter Allgemeine Zeitung)
- Süddeutsche Zeitung
- Die Welt

2. Fonds-Quintett: Die Fünf Großen in Deutschland

Allein 86 Prozent des Fondsvermögens von insgesamt 242 Milliarden DM entfielen nach dem Stand vom 31. Dezember 1992 auf fünf große Gruppen:

Deutsche-Bank-Gruppe mit DWS, DBIM und DGI	62 Mrd. DM =	25 %
Dresdner-Bank-Gruppe mit DIT, dam und DEGI	44 Mrd. DM =	18 %
Commerzbank/Bayr. Vereinsbank mit ADIG	36 Mrd. DM =	15 %
Sparkassen mit DEKA, Deka intern. und DESPA	38 Mrd. DM =	16 %
Volks- und Raiffeisenbanken mit Union, Union Lux und DI-FA	30 Mrd. DM =	12 %
	210 Mrd. DM =	86 %

Diese Banken fungieren als Depotbanken der genannten Fondsgesellschaften. Zwar sind die Fondsgesellschaften rechtlich selbständig, die von ihnen angebotenen Investmentfonds werden aber besonders stark von nahestehenden Banken empfohlen. So kommt es zu der allgemein üblichen Praxis, daß Bankberater fast nur zu hauseigenen Fonds raten.

Bei den Fondsgesellschaften kann zwischen deutschen Wertpapierfonds, Luxemburger Wertpapierfonds deutscher Herkunft und offenen Immobilienfonds unterschieden werden. Die Marktanteile der fünf Großen ergeben sich aus folgender Übersicht (Stand: 31. Dezember 1992):

Bankengruppe	deutsche Wertpapierfonds		Luxemburger Wertpapierfonds deutscher Herkunft		offene Immobilienfonds	
Deutsche Bank	DWS	25 %	DBIM	27 %	DGI	23 %
Dresdner Bank	DIT	18 %	dam	17 %	DEGI	25 %
Commerzbank u.a.	ADIG	16 %	A.L.S.A.	15 %	iii	12 %
Sparkassen	DEKA	10 %	Deka int.	21 %	DESPA	18 %
Volksbanken u.a.	Union	11 %	Union Lux.	13 %	DIFA	14 %
Fondsvermögen insgesamt	80 % von 114 Mrd. DM		93 % von 64 Mrd. DM		92 % von 27 Mrd. DM	

Bei der Aufzählung der Einzelfonds werden folgende Abkürzungen verwandt:
AD = Aktienfonds mit Anlageschwerpunkt Deutschland
AI = Aktienfonds mit Anlageschwerpunkt Ausland (international)
RD = Rentenfonds mit Anlageschwerpunkt Deutschland
RI = Rentenfonds mit Anlageschwerpunkt Ausland (international)
G = Gemischte Fonds mit Aktien und Renten
IO = Immobilienfonds, offene, mit Anlageschwerpunkt Deutschland

Die Einzelfonds werden innerhalb der Fondsgruppe (AD, AI, RD, RI, G, IO) nach der Höhe des angelegten Fondsvermögens angeordnet. Dazu ein Beispiel: Der Inter-Renta (RI) ist der größte internationale Rentenfonds aus der Deutsche-Bank-Gruppe. Nebenbei bemerkt ist der Inter-Renta mit 16 Milliarden Fonds-Vermögen der größte deutsche Investmentfonds überhaupt.

Deutsche-Bank-Gruppe

a) DWS (Deutsche Gesellschaft für Wertpapiersparen mbH, Grüneburgweg 113–115, 6000 Frankfurt 1, Tel. 069/71909-0) mit folgenden deutschen Wertpapierfonds:
AD Investa, Ring Aktien, Provesta, Bayern Spezial
AI Akkumula, Energiefonds, Intervest, Eurovesta, Japan-Fonds, Rohstofffonds, Technologiefonds, Iberia-Fonds
RD Akkurenta 96/97/98 (als Laufzeitfonds), Inrenta, Ring Renten, Nürnberger Renten, Albingia, Barmenia, BL-Rent
RI Inter-Renta, Rendite spezial, Re-Inrenta
G Ring International, GKD-Fonds

b) DBIM (DB Investment Management S.A.) mit folgenden Luxemburger Wertpapierfonds deutscher Herkunft:
AD Konzept 94
AI DB Tiger Fonds
RD Rendite Garant, R&S Garant, Rendite 2000, DM-Reserve-Fonds
RI Eurorenta, FF-Reserve, Ecu Reserve, Gulden Reserve, Dollarrenta, SF Reserve, Schilling Reserve, Sterling Reserve, Lire Reserve
G Balance 95

c) DGI (Deutsche Grundbesitz-Investmentgesellschaft mbH, Mainzer Landstr. 10–12, 6000 Frankfurt 1, Tel. 069/71707-0) mit dem offenen Immobilienfonds
IO Haus-Invest

Dresdner-Bank-Gruppe

a) DIT (Deutscher Investment-Trust Gesellschaft für Wertpapieranlagen GmbH, Mainzer Landstr. 11–12, 6000 Frankfurt 1, Tel. 069/26314-0) mit folgenden deutschen Wertpapierfonds:
AD Concentra, DIT-Fonds für Vermögensbildung, Thesaurus, DIT-Wachstumsfonds, DIT-Spezial
AI Industria, DIT-Pazifikfonds, DIT-Fonds Schweiz, Vermögens-Aufbau-Fonds, Transatlanta, DIT-Rohstofffonds, DIT-Fonds Iberia, DIT-Fonds Frankreich, DIT-Technologiefonds, DIT-

	Fonds Großbritannien, DIT-Fonds Italien
RD	Deutscher Rentenfonds, DIT-Laufzeitfonds (verschiedene), Deutscher Rentenfonds K, Vermögens-Ertrag-Fonds, Vereinte Rendite Fonds, ARA-Rendite Fonds, Mannheimer Rendite Fonds, ARAG Rendite Fonds
RI	DIT-Eurozins, Internationaler Rentenfonds, Internationaler Rentenfonds K, Thesaurent, Magdeburger Wert, NB Eurorent

b) dam (dresdnerbank asset management S.A.) mit folgenden Luxemburger Wertpapierfonds deutscher Herkunft:

AD	Lux Vario Garantie
AI	Thornton-Lux Tiger Fund
RD	DIT-Lux Laufzeitfonds (verschiedene), DIT-Lux Staatsanleihen, DIT-Lux DM Garantie
RI	DIT-Lux Bondspezial, DIT-Lux Ecu Garantie, DIT-Lux Zerobond 2000, Leo-Fonds

c) DEGI (Deutsche Gesellschaft für Immobilienfonds mbH, Marienstr. 17, 6000 Frankfurt 1, Tel. 069/2689-1) mit dem offenen Immobilienfonds

IO Grundwert-Fonds 1

Commerzbank/Bayrische Vereinsbank-Gruppe

a) ADIG (Allgemeine Deutsche Investment-Gesellschaft mbH, Von-der-Tann-Str. 11, 8000 München 22, Tel. 089/2396-0 und MesseTurm, 18. Stock, 6000 Frankfurt 1, Tel. 069/7560010) mit folgenden deutschen Wertpapierfonds:

AD	Adiverba, Adifonds (Commerzbank als Depotbank) Fondak (Bayrische Vereinsbank als Depotbank)
AI	Aditex, Adiasia, (Commerzbank als Depotbank) Fondis, Fondiropa, Fondiro, Fondamerika (Bayrische Vereinsbank als Depotbank)
G	Plusfonds (Commerzbank als Depotbank) Fondra (Bayrische Vereinsbank als Depotbank)
RD	Adirenta, Adikur, Gotharent-ADIG, DBV + Partnerrent, verschiedene Laufzeitfonds (Commerzbank als Depotbank) Victoria Rent-ADIG, WWK-Rent-ADIG (Bayrische Vereinsbank als Depotbank)

RI Adiropa, Adirewa, Adiglobal, (Commerzbank als Depotbank) Fondirent (Bayrische Vereinsbank als Depotbank)

b) A.L.S.A. (ADIG-Investment Luxemburg S.A.) mit folgenden Luxemburger Wertpapierfonds deutscher Herkunft:
RD Fondilux
RI ALSA-DM-Rentplus, Adilux, ALSA-Laufzeitfonds

c) iii (Internationales Immobilien-Institut GmbH, Lepoldstr. 26a, 8000 München 40, Tel. 089/3608-0) mit folgenden offenen Immobilienfonds:
IO iii-Fonds Nr. 1 (Bayrische Hypotheken- und Wechselbank als Depotbank)
iii-Fonds Nr. 2 (Bayrische Vereinsbank als Depotbank)
DGI (wie unter 1c) mit IO Haus-Invest (Commerzbank)

Sparkassen-Gruppe

a) DEKA (Deutsche Kapitalanlagegesellschaft mbH, Mainzer Landstr. 37, 6000 Frankfurt 11, Tel. 069/2546-0) mit folgenden deutschen Wertpapierfonds:
AD DekaFonds, Köln-Aktienfonds Deka
AI AriDeka, DekaSpezial
G Frankfurter-Sparinvest Deka
RD RenditDeka, Deka 98, DekaTresor, Köln-Rentenfonds Deka, S-BayRent Deka, Naspa-Fonds Deka, Berolina RendtDeka, Frankfurter Sparinrent Deka, ProviRent Deka, LG-Rentenfonds Deka
RI DekaRent international, DekaZins international, LG-International-Rentenfonds Deka

b) Deka International S.A. mit folgenden Luxemburger Wertpapierfonds deutscher Herkunft:
RD DekaLux Cash DM, DekaLux Laufzeitfonds
RI DekaLux-Bond, DekaLux Flex, DekaLux-Europlus Laufzeitfonds, DekaLux Wachstum 2000, DekaLux Cash-USD, DekaLux Cash-ECU, DekaLux Cash-GBP

c) DESPA (Deutsche Sparkassen-Immobilien-Anlage-Gesellschaft mbH, Mainzer Landstr. 37, 6000 Frankfurt 11,

Tel. 069/2546-0) mit dem offenen Immobilienfonds:
IO DespaFonds

Gruppe der Volksbanken und Raiffeisenkassen

a) UNION (Union-Investment-Gesellschaft mbH, Mainzer Landstr. 47, 6000 Frankfurt 1, Tel. 069/2567-0) mit folgenden deutschen Wertpapierfonds:

AD UniFonds, BBV-Invest-Union
AI UniGlobal
G UniRak
RD UniLaufzeitfonds (verschiedene), UniKapital, UniZins, LVM-Fonds-Union, BBV-Fonds-Union, VR-Vermögensfonds
RI UniRenta

b) Union-Investment-Luxemburg S.A. mit folgenden Luxemburger Wertpapierfonds deutscher Herkunft:

AI UniAsia
G UniAlpha
RD UniZero
RI UniLux, UniCash, UniLaufzeitfonds (verschiedene)

c) DIFA (Deutsche Immobilien Fonds Aktiengesellschaft, Valentinskamp 20, 2000 Hamburg 36, Tel. 040/349190) mit dem offenen Immobilienfonds:

IO DIFA-Fonds Nr. 1, DIFA-Grund (mit DG Bank Deutsche Genossenschaftsbank Frankfurt als Depotbank)

3. Andere Fondsgesellschaften und Vermittler im In- und Ausland: Die Qual der Wahl

Auch wenn das Fonds-Quintett mit 86 Prozent des Fondsvermögens den Löwenanteil auf sich zieht, sagt dies noch nichts über die Qualität der angebotenen Investmentfonds aus. 14 Prozent des Fondsvermögens entfallen auf gut 30 weitere Fondsgesellschaften, die ebenfalls dem BVI (Bundesverband Deutscher Investment-Gesellschaften) angehören und entsprechend ihrer Marktbedeutung wie folgt angeordnet werden können:

H.C.M. (Hypo Capital Management Investmentgesellschaft mbH, Burgstr. 7, 8000 München 2, Tel. 089/2900750) mit Bayrischer Hypotheken- und Wechselbank AG, München, und folgenden Wertpapierfonds in Deutschland und Luxemburg:

AD Hypo-Invest Kapital
AI H.C.M. New Horizon, H.C.M. Eco Tech, H.C.M. New Europe, H.C.M. Umweltfonds (als Luxemburger Fonds der H.C.M. Hypo Capital Management Luxemburg S.A.)
RD Hypo-Invest Mediorent, Hypo-Invest Zerorent 97, Hypo-Invest Cumrent 94/96/98
H.C.M. DM-Kurz, H.C.M. DM-Cash Plus, H.C.M. DM-Garantie, H.C.M. DM-Rent (als Luxemburger Fonds)
RI H.C.M. LUX Interbond, H.C.M. Dollar-Cash, H.C.M. Euro-Bond, H.C.M. Euro-Cash, H.C.M. Dollar-Bond (als Luxemburger Fonds)

HANSAINVEST (Hanseatische Investment-Gesellschaft mbH, Schauenburgerstr. 35, 2000 Hamburg 1, Tel. 040/302009-0) mit Vereins- und Westbank AG, Hamburg, als Depotbank und den folgenden Fonds:

AD Hansaeffekt
AI Hansasecur
G Hansaeuropa
RD Hansarenta, Hansazins
RI Interbond (als Luxemburger Fonds der Hansa-Nord-Lux) Hansainternational
IO Hansaimmobilia

ALLIANZ (Allianz Kapitalanlagegesellschaft mbH, Rensburgstr. 19, 7000 Stuttgart 1, Tel. 0711/663-2616, und Königinstr. 28, 8000 München 44, Tel. 089/3800-3248) mit verschiedenen Banken als Depotbanken und folgenden Fonds:

RD Allianz Rentenfonds, Wüstenrot Rentenfonds AK, Allianz Mobil-Fonds
RI Allianz Inter-Rent Fonds, Allianz Flexi-Rentenfonds

BfG-Bank-Gruppe (BfG-Investment-Fonds Gesellschaft mbH, Neue Mainzer Str. 18, 6000 Frankfurt 1, Tel. 069/2586964, und BfG Immobilien-Investment Gesellschaft mbH, Stützeläckerweg 12 + 14, 6000 Frankfurt 90, Tel. 069/780701-0) mit BfG Bank AG, Frankfurt, als Depotbank und folgenden Fonds:

AD BfG Invest Aktienfonds
AI BfG Invest Europafonds, Luxinvest ÖkoLux (als Luxemburger Fonds der BfG Luxinvest Management S.A.)
RD ZielRent '95, BfG Invest Rentenfonds, Luxinvest LiquiRent (als Luxemburger Fonds)
RI BfG Invest Zinsglobal, Secur-Rent Lux, Luxinvest Globalrent (als Luxemburger Fonds)
IO BfG ImmoInvest (als offener Immobilienfonds der BfG Immobilien-Invest)

FRANKFURT-TRUST (Frankfurt-Trust Investment-Gesellschaft mbH, Friedrichstr. 52, 6000 Frankfurt 17, Tel. 069/7185555) mit BHF-Bank, Frankfurt, als Depotbank und folgenden Fonds:

AD FT Frankfurt-Effekten-Fonds, FT Deutschland Dynamik-Fonds, Helvetia Aktienfonds FT
AI FT Nippon Dynamik Fonds, FT Interspezial II, FT Interspezial, NB Portfolio FT, FT Amerika Dynamik Fonds, FT Europa Dynamik Fonds, FMMM-Fonds, CRS-Fonds
RD FT Accurent K, FT Interzins, AGR-Fonds, Basis-Fonds I, FT Re-Spezial, Stuttgarter Rentenfonds FT, Helvetia Rentenfonds FT
RI FT Accuzins

GERLING INVESTMENT (Gerling Investment Kapitalanlagegesellschaft mbH, Gereonshof 17, 5000 Köln 1, Tel. 0221/134041/42) mit Westdeutscher Landesbank Girozentral, Düsseldorf/Münster, als Depotbank und mit folgenden Fonds:

AI Gerling Dynamik Fonds, Kapitalfonds Spezial, Ivera Fonds
RD Gerling Rendite Fonds, Kapitalfonds Prozins
RI Gerling Global Rentenfonds

OPPENHEIM (Oppenheim Kapitalanlagegesellschaft mbH, Unter Sachsenhausen 2, 5000 Köln 1, Tel. 0221/145-03) mit Sal. Oppenheim jr. & Cie. KGaA, Köln/Frankfurt, als Depotbank und mit folgenden Fonds:

AD Oppenheim Privat, Oppenheim Dax-Werte, Oppenheim Spezialwerte, Gries & Heissel Deutschland I
AI Oppenheim Europa
G Oppenheim Spezial III, KM-Mitarbeiter-Fonds OP
RD Oppenheim Inland-Rent, Oppenheim Priva-Rent, Oppenheim Priva-Rent L, Oppenheim Priva-Rent K
Oppenheim Dispo.Cash, Oppenheim Dispo.Bond (als Luxemburger Fonds der Oppenheim Investment Management international S.A.)
RI Oppenheim Inter-Zins K, Op-Rendakta, Maffei-Interrent OP Nordstern-Colonia Interlux (als Luxemburger Fonds)

UNIVERSAL (Universal-Investmentgesellschaft mbH, Lindenstr. 11, 6000 Frankfurt 1, Tel. 069/756191-0) mit verschiedenen Banken als Depotbanken und mit folgenden Fonds:

AD Aufhäuser-Universal-Fonds I, Dt.-Berenberg-Universal F, Hauck-Kontrast-Universal-Fonds, MainI+Universal-Fonds, Progress-Universal-Fonds, SBV-Universal-Deutschland-Fonds A, Select Universal Fonds
AI Berenberg-Universal-Fonds, BW-Wartberg-Universal-Fonds, CC-Universal-OS-Fonds, Mundus-Universal-Fonds, PEH-Universal-Fonds I, PEII-Universal-Fonds OS, PEH-Universal-Fonds MIRO
G Berenberg-Universal-Effekten Fonds, Bothmann-Universal-Taunus, CC-Universal-Global-Fonds, Ceros-Universal-Fonds, Fiduka-Universal-Fonds I, FS-Privat-Universal-Fonds G, HWG-Fonds, Inter-Universal-Fonds, Marcard-Universal-Fonds, Universal-Effect-Fonds
RD Aufhäuser-Universal-Kurzinvest F, Aufhäuser-Universal-

	Rentenfonds, Berenberg-Universal-Rentenfonds, BW-Renta-Universal-Fonds, Degussa-Bank, Universal-Rentenfonds, FPF-Universal-Rentenfonds, Merck, Fick-Universal-Rentenfonds, Ordo-Universal-Rentenfonds, Rentensparfonds
RI	BW-Renta-International-Universal-Fonds, Japan CB Universal-Fonds, Marcard, Stein-Universal-Fonds, PEH-Universal-Fonds IR, Säkular-Universal-Fonds

MK (Münchner Kapitalanlage Aktiengesellschaft, Beethovenplatz 4, 8000 München 2, Tel. 089/51492-0) mit verschiedenen Banken als Depotbanken und mit folgenden Fonds:

AD	MK Alfakapital, E&G Privat-Fonds MK
AI	MK Investors Fonds, MK Euroaktiv, MK Asia-Pazifik
G	MK Analytik Fonds
RD	MK Rentex Fonds, MK Rentak Fonds, MK DM-Variozins
RI	MK Interrent

NORDINVEST (Norddeutsche Investment-Gesellschaft mbH, Alter Wall 22, 2000 Hamburg 11, Tel. 040/374737-0) mit Vereins- und Westbank AG, Hamburg, als Depotbank und mit folgenden Fonds:

AI	Wekanord, Nordglobal, Japan-Pazifik-Fonds, Australien-Pazifik-Fonds, Albisnord
RI	Nordrenta international, Euronordrenta, Nordcumula

SMH (Schröder Münchmeyer Hengst Investment GmbH, Friedensstr. 6–10, 6000 Frankfurt 1, Tel. 069/2179-230) mit SMH-Bank als Depotbank und mit folgenden Fonds:

AD	SMH-Special-Fonds I
AI	SMH-International-Fonds
RD	SMH-Rentenfonds
RI	SMH-Rentenfonds International, SMH-Dollar-Rentenfonds

BB-INVEST (BB-Investment GmbH, Kurfürstendamm 201, 1000 Berlin 15, Tel. 030/880000-0) mit Berliner Bank AG, Berlin, als Depotbank und mit folgenden Fonds:

AD BB-Deutschland-Invest
AI BB-Europa-Invest, BB-Asien-Invest
RD BB-DMrent-Invest, BB-Laufzeitfonds (verschiedene)
RI BB-Multirent-Invest

DVG (Deutsche Vermögensbildungsgesellschaft mbH, Feldbergstr. 22, 6000 Frankfurt 1, Tel. 069/720921) mit Deutsche Bank AG, Frankfurt, als Depotbank und mit folgenden Fonds:

AD DVG-Fonds Select-Invest
AI Dt. Vermögensbildungsfonds I, Dt. Vermögensbildungsfonds A, Grunelius international DVG
RD DVG-Fonds Vario-Rent, Dt. Vermögensbildungsfonds R, DVG-Fonds Select-Rent, DVG-Fonds All-Rent
RI DVG-Fonds Inter-Select-Rent, DVG-Fonds Inter-Vario-Rent

RK (Rheinische Kapitalanlagegesellschaft mbH, Unter Sachsenhausen 2, 5000 Köln 1, Tel. 0221/145-04) mit Sal. Oppenheim jr. & Cie. KGaA, Köln/Frankfurt, als Depotbank und mit folgenden Fonds:

AD Colonia-Aktienfonds RK, Nordstern-Invest RK
AI Asien-Pazifik RK
G RK-Portfolio W
RD Colonia-Rentenfonds RK, Nordstern-Fonds RK, NB-Rentenfonds RK, RK-Portfolio E
RI Colonia-Intersecur RK

AACHENER GRUND (Aachener Grundvermögen Kapitalanlagegesellschaft mbH, Wörthstr. 32, 5000 Köln 1, Tel. 0221/77204-0 und Düsseldorfer Str. 15/17, 6000 Frankfurt, Tel. 069/252055/56) mit Deutsche Bau- und Bodenbank AG, Berlin/Frankfurt, als Depotbank und mit dem offenen Immobilienfonds:

IO Aachener Grund-Fonds Nr. 1

RWGI (Rheinisch-Westfälische Grundstücks-Investment GmbH, Neusser Str. 111, 4000 Düsseldorf 1, Tel. 0211/826-04) mit Sal. Oppenheim jr. & Cie. KGaA, Köln/Frankfurt, als Depotbank und mit dem offenen Immobilienfonds:

IO Westinvest 1

A.G.I. (Allgemeine Grundbesitz-Investment-Gesellschaft mbH, Abraham-Lincoln-Str. 11, 6200 Wiesbaden, Tel. 0611/7105-0) mit Deutsche Bau- und Bodenbank AG, Berlin/Frankfurt, als Depotbank und mit folgendem offenen Immobilienfonds:

IO A.G.I.-Fonds Nr. 1

SKA (Schweizerische Kreditanstalt Investment GmbH, Grüneburgweg 102, 6000 Frankfurt 1, Tel. 069/2691-2000) mit Schweizerische Kreditanstalt (Deutschland) AG, Frankfurt, als Depotbank und mit folgenden Fonds:

AI DEVK-Sparda-Aktien-SKA
RD SAL K-Rent SKA, SKA Invest Rentenfonds D, Volkswohlbund Rendite-SKA
RI DEVK-Sparda-Rent-SKA, Volkswohlbund international-SKA, SKA Invest Rentenfonds I, DSQ-Multispar-SKA

MMWI (M.M. Warburg Invest Kapitalanlagegesellschaft mbH, Liebigstr. 7, 6000 Frankfurt 1, Tel. 069/720844, und Ferdinandstr. 75, 2000 Hamburg 1, Tel. 040/321174) mit M.M. Warburg & Co., Hamburg, als Depotbank und mit folgenden Fonds:

AI MMWI-Eurak-Fonds, MMWI-Asiak-Fonds, MMWI-Amerak Fonds, MMWI-Oswa-Fonds sowie Lux-Linea (als Luxemburger Fonds)
G Fischerbank-MMWI-Fonds, Bremen Trust MMWI-Fonds
RD MMWI-Renakop-Fonds
RI Lux-Select, Lux-Awo, M.M. Warburg-LuxLiquid, M.M. Warburg-LuxBond (als Luxemburger Wertpapierfonds der M.M. Warburg-Luxinvest S.A.)

HMT (Hamburg-Mannheimer Investment GmbH, Überseering 35, 2000 Hamburg 60, Tel. 040/6323573) mit Dresdner Bank als Depotbank und mit folgenden Fonds:

AD HMT-Proinvest
RD HMT-Prorent

EI EUROINVEST (Euroinvest Kapitalanlagegesellschaft mbH, Bleichstr. 60–62, 6000 Frankfurt 1, Tel. 069/29807-250) mit Bank in Liechtenstein GmbH, Frankfurt, als Depotbank und mit folgenden Fonds:

AD BIL Deutscher Spezialwerte Fonds-E.I., E.I.-Deutscher Aktienfonds
AI Focus Umwelttechnologie Fonds, BIL Aktienfonds-E.I., E.I.-Europäischer Aktienfonds, Augsburger Aktienfonds-E.I.
G Focus Weltfonds-Euroinvest
RD E.I.-Deutscher Rentenfonds, Hanse-Merkur-Rentenfonds-E.I., E.I.-Deutscher Kurzläuferfonds
RI Augsburger Rentenfonds-E.I., E.I.-Europäischer Rentenfonds, E.I.-Internationaler Rentenfonds

ZÜRICH INVEST (Zürich Investmentgesellschaft mbH, Zürich-Haus am Opernplatz, 6000 Frankfurt 1, Tel. 069/7115290-0) mit Deutsche Bank als Depotbank und mit folgenden Fonds:

AD Zürich Invest Aktien
RD Zürich Invest Renten, Zürich Invest R & S Renten

INKA (Internationale Kapitalanlagegesellschaft mbH, Königsallee 19, 4000 Düsseldorf 1, Tel. 0211/329464) mit Trinkaus & Berkhardt KGaA, Düsseldorf, als Depotbank und mit folgenden Fonds:

AD Trinkaus Capital Fonds INKA
RD INKA-Rent, INKA Re-Invest
RI INKA Rendite, Fonds PRA

BWK (Baden-Württembergische Kapitalanlagegesellschaft mbH, Kleiner Schloßplatz 11, 7000 Stuttgart 1, Tel. 0711/293471) mit Baden-Württembergische Bank AG, Stuttgart, und mit folgenden Fonds:

RD BWK-Württembergischer Laufzeitfonds
RI BWK-Württembergischer Internationaler Rentenfonds

FRANKEN INVEST (Franken-Invest Kapitalanlagegesellschaft mbH, Virchowstr. 19, 8500 Nürnberg 10, Tel. 0911/95188-0) mit Karl Schmidt Bankgeschäft KG, Hof, als Depotbank und mit folgenden Fonds:

AI SchmidtBank Euro-Aktien FI
RI SchmidtBank Global-Renten RI

AL-TRUST (Alte Leipziger Trust Investment-Gesellschaft mbH, Alte Leipziger-Platz 1, 6370 Oberursel 1, Tel. 06171/6667) mit BHF-Bank, Frankfurt, als Depotbank und mit folgenden Fonds:

AD Alte Leipziger Trust Fonds A
RD Alte Leipziger Trust Fonds R

ALLFONDS (Allfonds Gesellschaft für Investmentanlagen mbH, Sendlinger Str. 29, 8000 München 2, Tel. 089/231740-0) mit Westfalenbank AG, Bochum, und Bayrischer Hypotheken- und Wechselbank-AG, München, als Depotbanken und mit folgenden Fonds:

RD Agrippina-rent-allfonds, Securitas-rent-allfonds (Westfalenbank) PVrent-allfonds, IDEALrent-allfonds (Bayer. Hypothekenbank)

MI (Metzler Investment GmbH, Große Gallusstr. 18, 6000 Frankfurt 1, Tel. 069/92022-0) mit B. Metzler seel. Sohn C Co. KGaA, Frankfurt, als Depotbank und mit folgenden Fonds:

AD MI-Aktien-Privatfonds D
AI MI-Euro-Privatfonds S, MI-Euro-Privatfonds N, MI-Aktien-Privatfonds W, MI-Aktien-Privatfonds E
RI Universa-Renten-MI, MI-Renten-Privatfonds I

SBG-INVEST (Investmenttrust der Schweizerischen Bankgesellschaft intrag Deutschland GmbH, 6000 Frankfurt) mit Schweizerischer Bankgesellschaft als Depotbank und mit folgenden Fonds:

RD SBG DM-Rent
RI SBG Rent International

ELFO (Equity & Law Fondsmanagement, Gesellschaft für Kapitalanlagen mbH, Hans-Bredow-Str. 1, 6200 Wiesbaden, Tel. 0611/795-1) mit BHF-Bank, Frankfurt, als Depotbank und mit folgenden Fonds:

AD Elfoaktiv
G   Elfoflex
RD Elfozins

MAT (Main Anlage Trust Kapitalanlagegesellschaft mbH, Im Trutz 55, 6000 Frankfurt 1, Tel. 069/153093-02) mit BHF-Bank, Frankfurt, als Depotbank und mit folgenden Fonds:

AD MAT Deutschland Fonds
AI MAT Internationaler Aktienfonds
RI MAT Internationaler Rentenfonds, MAT Japan Furusato Fonds

Die folgenden deutschen Fondsgesellschaften oder Luxemburger Fondsgesellschaften deutscher Herkunft haben ein Fondsvermögen von unter 100 Millionen DM (Stand Ende Dezember 1992) und nicht mehr als zwei Fonds:

Fondsgesellschaft	Depotbank	Fondstyp/Fondsname
Wüstenrot Lux. Management	Wüstenrot	RI Wüstenrot Europarent
		RI Wüstenrot Globalrent
WESTKA Westdt. Kapitalanl.	WestLB	RD Akku-Invest
		G Treuinvest-Fonds
VERITAS SGTR Investm. Trust		AD Veri-Valeur Fonds
		RD Veri-Coupon Fonds
BHF Lux, Management AG	BHF-Bank	RI BHF-Eurozins Lux
BKG Bayr. Kapitalanl.	Bayr. Vereinsbank	Hamburg-Mannheimer Rentenfonds

Bei ausländischen Fondsgesellschaften ist zwischen Investmentfonds, die steuerlich den deutschen Fonds gleichgestellt sind, und Auslandsfonds mit steuerlichen Nachteilen gegenüber deutschen Fonds zu unterscheiden. In der folgenden Aufstellung finden sich nur Auslandsfonds der ersten Kategorie. Diese Auslandsfonds ohne steuerliche Nachteile dürfen Fondsanteile in der Bundesrepublik öffentlich vertreiben und werden beim Bundesaufsichtsamt für das Kreditwesen angemeldet. Da Anteile an Auslandsfonds in der Regel nicht nur über Bankschalter vermittelt werden, sind bei der folgenden Liste in Klammern die in Deutschland bestehenden Vertriebs- und Informationsstellen genannt. Die Liste erhebt keinen Anspruch auf Vollständigkeit.

Ausländische Fondsgesellschaften mit Vertriebserlaubnis in Deutschland

Alliance Funds mit Alliance Quasar, Alliance Health Care (Vertrieb in Deutschland: IVV GmbH, Oulusstr.8, 5090 Leverkusen 1, Tel. 0241/52081)

Broadgate International Fund mit 10 Aktien- und Rentenfonds (Vertrieb über American Express Bank, Theodor-Heuss-Allee 80, 6000 Frankfurt 11, Tel. 069/79301400)

Citiportfolios Luxemburg mit 9 Aktienfonds und 4 Rentenfonds (Vertrieb über Citibank, Kasernenstr. 10, 4000 Düsseldorf 1, Tel. 0211/8984230)

F & V International Investment Fund Luxemburg als geschlossener Investmentfonds (Vertrieb über F & V Vermögensverwaltung, Nürnberger Str. 67, 1000 Berlin 30, Tel. 030/210631)

Fidelity Funds Luxemburg mit 15 Aktienfonds und 5 Rentenfonds (Vertrieb in Deutschland durch verschiedene Vermittler, Informationen bei: Fidelity Investment Service GmbH, Schwindstr. 3, 6000 Frankfurt 1, Tel. 069/7410003 oder Kansalli House, Place de l'Etoile, L – 1021 Luxemburg, Tel. 0130/813313)

Fleming Flagship Fund mit 14 Aktienfonds und diversen Rentenfonds (Vertrieb in Deutschland durch verschiedene Vermittler, Informationen bei: Fleming Fund Management S.A., 45, rue des Scillas, L – 2529 Howald-Luxemburg, Tel. 00352/405040)

Hill Samuel Global Portfolio Luxemburg mit 12 Aktien- und Rentenfonds (Vertrieb über Hill Samuel Deutschland, Fürstenberger Str. 23, 6000 Frankfurt 1, Tel. 069/15200812)

Liberty All-Star World Portfolio (Vertrieb in Deutschland: CATO GmbH, Friedrich-Ebert-Damm 160a, 2000 Hamburg 70)

Lion Interaction und Lion-Interoblig mit 4 Aktien- und 5 Rentenfonds (Vertrieb über Bankhaus Wölbern & Co., Teilfeld 5, 2000 Hamburg 11, Tel. 040/376080)

Orbitex mit 4 Aktienfonds (Vertrieb in Deutschland: Orbitex Vertriebs GmbH, Dietlindenstr. 15, 8000 München 40, Tel. 089/364053)

Pioneer mit 5 Aktienfonds, u. a. Pioneer Fund und Pioneer II (Vertrieb in Deutschland durch verschiedene Vermittler, Informationen bei: Pioneer Fonds Marketing GmbH, Am Hehsel 42, 2000 Hamburg 63, Tel. 040/5387674)

Putnam Funds mit 2 Aktienfonds (Vertrieb in Deutschland und Informationen bei: Noramco, Praunheimer Landstr. 32, 6000 Frankfurt 93, Tel. 069/768201116)

Regent Investment Fund mit 6 Aktienfonds (Informationen bei: Allfinanz Investment GmbH, Schwarzer Weg 28, 2000 Hamburg 60, Tel. 040/63207148)

Robeco mit Rolinco, Rodamco, Rorento (Repräsentanz Deutschland: Im Trutz 55, 6000 Frankfurt 1, Tel. 069/5976060)

Sun Life Global Portfolio Luxemburg mit 11 Aktienfonds (Vertrieb durch: Sun Life Deutschland GmbH, Beethovenstr. 7b, 6000 Frankfurt 1, Tel. 069/768202226)

Die meisten Vermittler von Investmentfonds sind an eine oder nur wenige Fondsgesellschaften gebunden. Danaeben gibt es auch unabhängige Fondsvermittler, die ihre Kunden aus einer großen Fondspalette auswählen lassen und ein individuelles „Fonds-Menü" zusammenstellen.

Unabhängige Vermittler von Investmentfonds

F & V Investmentfonds-Informations-Center und Vermittlungs GmbH, Nürnbergerstr. 67, 1000 Berlin 30, Tel. 030/210631 (unterhält in Berlin eine Fonds-Boutique und vermittelt praktisch alle vom Bundesaufsichtsamt für das Kreditwesen überwachten Investmentfonds)

Trithan-Cato-Conto-Gruppe mit Trithan AG, Am Stadtrand 35, 2000 Hamburg 70, mit Cato GmbH, Friedrich-Ebert-Damm 160a, 2000 Hamburg 70 und Conto GmbH, Kurfürstenstr. 121, 1000 Berlin (vermittelt Fonds der deutschen Fondsgesellschaften DWS, DIT, FTI und deren Luxemburger Töchter sowie Auslandsfonds von Pioneer, Templeton, Fidelity, Liberty; der Schwerpunkt liegt bei Aktienfonds, dabei wird ein „gläsernes Fonds-Picking" angestrebt)

Professionelle Fonds-Picker und Anbieter von Fonds-Policen wollen dem Anleger die Qual der Wahl weitgehend ersparen. Im Vordergrund stehen in aller Regel Aktienfonds.

Anbieter von Fonds-Picking

Feri Trust, Am Pilgerrain 17, 6380 Bad Homburg,
Tel. 06172/402399 (für Mindestanlagen ab 5 Mio. DM)

Graf Lambsdorff Vermögensverwaltung, Uhlenhorster Weg 7 - 11, 2000 Hamburg 76, Tel. 040/2202226 (Mindestanlage ab 30.000 DM oder Sparplan ab 100 DM pro Monat)

Lehndorff-Fonds-Selection, Dorotheenstr. 64, 2000 Hamburg 60, Tel. 040/270770 (Mindestanlage ab 100.000 DM)

Deutsche Bank Luxembourg, 2, Boulevard Konrad Adenauer,
L – 1115 Luxemburg, Tel. 00353/421221
(Mindestanlage ab 100.000 DM)

Dresdner Bank Luxembourg, 26, rue du Marché-aux-Herbes,
L – 2097 Luxemburg, Tel. 00352/47601 (Mindestanl. 100.000 DM)

Anbieter von Fonds-Policen
(fondsgebundene Lebensversicherungen)

Nürnberger Lebensversicherung, Rathenauplatz 16–18, 8500 Nürnberg 21, Tel. 0911/531-0 mit NF (Vertrieb u. a. durch Trithan-Cato-Conto-Gruppe in Hamburg)

WWK Lebensversicherung a.G., Marsstr. 42, 8000 München 2, Tel. 089/5114-1 mit Adifonds, Fondak und Fondis (Vertrieb u. a. durch A.U.F. unabhängige Wirtschaftsberatungsgesellschaft mbH, Harzblick 4, 3372 Hauahausen, Tel. 05383/80931)

Aachener und Münchener Lebensversicherung AG, Robert-Schumann-Str. 51, 5100 Aachen, Tel. 0241/6001-01 mit BfG-Fonds (Vertrieb u.a. durch Allfinanzvermittler der Deutschen Vermögensberatung AG, Frankfurt)

Deutscher Herold Lebensversicherung AG, Poppelsdorfer Allee 25–33, 5300 Bonn 1, Tel. 0228/268-01 (Vertrieb u. a. durch Allfinanzvermittler der Bonnfinanz, Bonn)

Veritas Lebensversicherung mit Verifonds

Equity & Law Lebensversicherung AG mit Elfoaktiv, Elfoflex und Elfozins

Colonia Lebensversicherung AG mit Colonia-Fonds

Agrippina-Lebensversicherung AG

MLP Lebensversicherung AG, Marschollek, Lautenschläger & Partner, Heidelberg, mit 8 Fonds

Skandia Lebensversicherung AG, Hamburg, mit 7 Fonds

VI. Lexikon von A bis Z Was Sie über Fonds wissen sollten

Das kleine ABC der Investmentfonds – von Aktienfonds bis Zinsabschlagsteuer

Aktienfonds sind Investmentfonds, die je nach Vertragsbedingungen überwiegend oder ausschließlich in Aktien investieren. Je nach Anlageschwerpunkt unterscheidet man zwischen deutschen und internationalen Aktienfonds. Im Gegensatz zu einer Direktanlage in Aktien wird das typische Aktienkursrisiko durch die breite Streuung der Aktienwerte im ↑*Sondervermögen* des Fonds vermindert. Eine Weiterentwicklung der klassischen Aktienfonds stellen die ↑*Spezialitätenfonds* dar, deren Anlagepolitik sich auf Aktienwerte besonders wachstumsstarker Wirtschaftsräume oder -sektoren konzentriert.

Anleger-Rendite gibt den echten Anlegererfolg pro Jahr an unter Berücksichtigung des Ausgabeaufschlags. Aus der nach der ↑*BVI-Methode* ermittelten ↑*Wertentwicklung*, die nur den Erfolg des Fondsmanagements für einen bestimmten Zeitraum angibt, kann die echte Anleger-Rendite nach folgender Formel abgeleitet werden:

$$Rendite = \left[\left(\frac{W+100}{A+100}\right)^{1/n} - 1\right] * 100$$

mit: W = Wertentwicklung des Fonds
A = Ausgabeaufschlag in Prozent
n = Anzahl der zurückliegenden Jahre seit Anteilserwerb

Anteilsbruchteil wird ermittelt, wenn bei Erwerb von Fondsanteilen der Kaufbetrag nicht glatt durch den ↑*Ausgabepreis* des Fonds geteilt werden kann. Dem Investmentdepot werden Anteilsbruchteile bis zu drei Nachkommastellen gutgeschrieben. Beispiel: Einzahlung 100 DM,

Ausgabepreis 77,50 DM, Gutschrift 1,290 Stück. Anteilsbruchteile können jederzeit wie ganze Anteile ge- oder verkauft werden.

Anteilschein ist eine Wertpapierurkunde, die ein Miteigentumsrecht nach Bruchteilen am ↑*Sondervermögen* einer ↑*Kapitalanlagegesellschaft* (Fonds- oder Investmentgesellschaft) verbrieft. Mit dem Anteilschein, der auch als Investmentzertifikat bezeichnet wird, wird der Anleger zum Anteilsinhaber. Anders als bei festverzinslichen Wertpapieren oder Aktien lautet der Anteilschein nicht über einen bestimmten Nennwert, sondern über einen oder mehrere Anteile (Stückelung in beispielsweise 10, 100 oder 500 Anteile). Grundsätzlich besteht der Anteilschein aus zwei Bestandteilen: dem Mantel, der das eigentliche Miteigentumsrecht verbrieft, und dem Bogen, der die numerierten Ertragsscheine, die zur Auszahlung der Ausschüttungen berechtigen, enthält. Anteilscheine ↑*thesaurierender Fonds* bestehen nur aus einem Mantel, da diese Fonds keine Erträge ausschütten, sondern sie sofort wieder anlegen.

Anteilswert (↑*Inventarwert*)

Ausgabeaufschlag ist ein Aufschlag auf den ↑*Anteilswert* oder ↑*Rücknahmepreis* und muß vom Anleger bei Kauf von Fondsanteilen bezahlt werden. Der Ausgabeaufschlag dient zur Deckung der bei der Fondsgesellschaft entstandenen Kosten wie Vertriebsprovision, Ausgabe- und Werbekosten. Da er dem Anleger direkt und nicht dem ↑*Sondervermögen* belastet wird, gehört er zu den offenen Kosten. Je nach Fondstyp beträgt der Ausgabeaufschlag zwischen 0 und 7 Prozent, berechnet vom ↑*Inventarwert*. Bei Aktienfonds und offenen Immobilienfonds liegt er meist bei 5 Prozent, bei Rentenfonds bei 3 Prozent.

Ausgabepreis ist der börsentäglich festgelegte Preis, für den ein Fondsanteil erworben werden kann. Der Ausgabepreis setzt sich zusammen aus dem ↑*Anteilswert* bzw. ↑*Rücknahmepreis* und dem ↑*Ausgabeaufschlag*.

Auslandsfonds sind nach ausländischem Recht aufgelegte Investmentfonds ausländischer ↑*Kapitalanlagegesellschaften*, deren ↑*Anteilscheine* auf DM oder Fremdwährung lauten. Hierzu zählen außer den Luxemburger Fonds deutscher Herkunft auch „echte" ausländische Investmentfonds wie Fidelity, Fleming oder Pioneer. Auslandsfonds unterliegen den strengen Bestimmungen des Auslandsinvestment-↑*Gesetzes*. Das heißt: Gesellschaften, die für ihre Investmentfonds öffentlich werben und diese in der Bundesrepublik vertreiben wollen, müssen sie beim Bundesaufsichtsamt für das Kreditwesen anmelden. Registrierte und zum Vertrieb zugelassene Auslandsfonds sind dann bei der steuerlichen Behandlung den deutschen Investmentfonds gleichgestellt. Die Auszahlungen oder Gutschriften der Erträge bei Zahlstellen in Deutschland unterliegen somit auch der ↑*Zinsabschlagsteuer*. Ausnahme: Die Erträge ausländischer ↑*thesaurierender Investmentfonds* sind generell von der ↑*Zinsabschlagsteuer* befreit. Die Anleger in der weit kleineren Anzahl nichtgeprüfter und nichtregistrierter Auslandsfonds müssen hingegen mit erheblichen steuerlichen Nachteilen rechnen.

Auszahlungsplan kann abgeschlossen werden ab einem bestimmten Mindestdepotstand an Investmentanteilen und setzt somit eine größere ↑*Einmalanlage* oder einen längerfristigen ↑*Sparplan* voraus. Der Anleger bekommt regelmäßig zum vereinbarten Zeitpunkt einen festgelegten, rentenähnlichen Betrag aus seinem Investmentdepot auf sein laufendes Konto überwiesen. Bei diesem auch als Entnahmeplan bezeichneten Auszahlungsplan kann der Anleger wählen zwischen Kapitalverzehr, bei dem sich das Investmentkapital des Anlegers bis zum Ende der Laufzeit ganz oder teilweise verbraucht, und Kapitalerhalt, bei dem die Auszahlungen nur den laufenden Erträgen entsprechen. Auszahlungspläne werden wegen der geringen Kursanfälligkeit und den relativ festen laufenden Erträgen fast ausschließlich bei Depots mit ↑*Rentenfonds* oder offenen ↑*Immobilienfonds* vereinbart. Ungeachtet einer getroffenen Vereinbarung sind Änderungen wie das Aussetzen von Entnahmen oder die vollständige Auflösung des Investmentdepots jederzeit möglich.

Barausschüttung ist derjenige Teil der ↑*Gesamtausschüttung* eines Investmentfonds, der dem Anleger bar ausgezahlt oder auf seinem Konto gutgeschrieben wird. Befinden sich die Fondsanteile in einem inländischen Depot und hat der Anleger der Bank oder der Fondsgesellschaft einen ↑*Freistellungsauftrag* erteilt oder eine ↑*NV-Bescheinigung* eingereicht, erfolgt kein Abzug der ↑*Zinsabschlagsteuer*. Ein

Körperschaftsteuerguthaben bei Aktienfonds wird ebenfalls gutgeschrieben. Die Barausschüttung ist in diesem Fall mit der Gesamtausschüttung identisch. Liegen die Voraussetzungen bei inländischen Depots nicht vor oder handelt es sich um eine Ertragsscheineinlösung aus ↑*Tafelpapieren*, vermindert sich die Ausschüttung um die auf den ↑*ordentlichen Ertragsanteil* berechnete ↑*Zinsabschlagsteuer*. Über die Höhe der einbehaltenen Zinsabschlagsteuer und des anrechenbaren Körperschaftsteuerguthabens erhält der Anleger eine ↑*Steuerbescheinigung*. Er kann diesen Betrag daher bei der Einkommensteuer als Vorauszahlung anrechnen lassen.

Bogen (↑*Anteilschein*)

Branchenfonds sind ↑*Aktienfonds*, die ausschließlich Aktien bestimmter Branchen, zum Beispiel Technologie- oder Rohstoffaktien, erwerben. Oftmals werden sie zusammen mit ↑*Regional-* und ↑*Länderfonds* auch als ↑*Spezialitätenfonds* bezeichnet. Aufgrund ihrer besonderen Anlagepolitik weisen sie gegenüber klassischen Aktienfonds ein erhöhtes Chance-Risiko-Potential auf.

BVI (Bundesverband Deutscher Investment-Gesellschaften e.V.) ist ein 1970 gegründeter Interessenverband, dem mittlerweile 53 der insgesamt 60 inländischen ↑*Kapitalanlagegesellschaften* angehören. Der BVI veröffentlicht monatlich die ↑*Wertentwicklung* der deutschen Investmentfonds und der Luxemburger Fonds deutscher Herkunft, sofern deren Kapitalanlagegesellschaften dem Verband angehören, und gibt zudem verschiedene Informationsbroschüren zum Thema Investmentfonds heraus. Diese Unterlagen können beim Bundesverband Deutscher Investment-Gesellschaften, Eschenheimer Anlage 28, 6000 Frankfurt am Main 1, Tel. 069/154090-0, angefordert werden.

BVI-Methode will die Leistung des Fondsmanagements messen und damit Fonds untereinander vergleichen. Bei ↑*Einmalanlagen* werden die monatlich veröffentlichten ↑*Wertentwicklungen* auf folgender Basis berechnet: Anlage zum ↑*Anteilwert*, Ertragswiederanlage ohne Abzug der ↑*Zinsabschlagsteuer* zum Anteilwert sowie Endbewertung zum Anteilwert. Die unterschiedlichen ↑*Ausgabeaufschläge* und der Zinseszinseffekt bei mehrjähriger Anlage werden hier, im Gegensatz zur Berechnung der echten ↑*Anleger-Rendite*, nicht berücksichtigt.

cost-average-Effekt kommt als „Durchschnittskosteneffekt" bei ↑*Sparplänen* mit Fondsanteilen zum Tragen. Da über einen längeren Zeitraum hinweg für gleichbleibende Sparbeträge entsprechende ↑*Anteilsbruchteile* erworben werden, bekommt der Anleger bei niedrigen Fondskursen mehr Anteile und bei hohen Kursen weniger Anteile. Insgesamt erzielt der Anleger somit einen über die Laufzeit seines ↑*Sparplans* günstigeren durchschnittlichen Einstandspreis. Er profitiert vom cost-average-Effekt jedoch nur dann erheblich, wenn das Ende des Sparplans in eine Zeit vergleichsweise hoher Kurse fällt.

Dachfonds sind nach ausländischem Investmentrecht zugelassene Fondskonstruktionen, die teilweise oder ausnahmslos Anteile anderer Investmentfonds, und zwar überwiegend von an der Börse notierten ↑*geschlossenen Fonds*, für ihr Vermögen erwerben. Dabei ist es Ziel des Dachfonds, durch geschicktes Ausnutzen der Abweichungen von Börsenkurs und rechnerischem ↑*Anteilswert* eine besonders gute Wertentwicklung der Fondsanteile zu erzielen. Zu diesen „Fonds für Fonds" zählen beispielsweise der F & V International Investment Fund und der Quintessenz Q-Discount, beide Luxemburger Fonds deutscher Herkunft.

Depotauszug wird dem Anleger und Anteilsinhaber einmal jährlich zum 31.12. erstellt und übersandt. Der Depotauszug umfaßt die genaue Typenbezeichnung der verschiedenen Investmentfonds, die zugehörige Anzahl der Fondsanteile, den Kurswert der Einzelposten sowie des Gesamtdepots auf Basis der ↑*Anteilswerte* am 31.12. sowie die eventuell angefallenen Depotgebühren.

Depotbank ist ein Kreditinstitut, das mit der Verwahrung des oder der ↑*Sondervermögen* einer Investmentgesellschaft beauftragt ist. Das Depotbankprinzip dient der Stärkung des Anlegerschutzes und verhindert den unmittelbaren Zugriff der ↑*Kapitalanlagegesellschaft (KAG)* auf das Sondervermögen. Depotbanken sind grundsätzlich seriöse deutsche Banken, die der Kontrolle durch das Bundesaufsichtsamt für das Kreditwesen unterliegen, über ein angemessenes Eigenkapital verfügen und keine personellen Verflechtungen mit den KAGs aufweisen. Aufgaben der Depotbanken sind neben der Verwahrung der Sondervermögen vor allem die Ausgabe und Rücknahme der Anteilscheine, die Anteilpreisermittlung sowie die Durchführung der Ertragnisausschüttung. Für diese Tätigkeiten erhalten die Depotbanken von den KAGs eine in den Vertragsbedingungen des jeweiligen Fonds festgelegte Depotgebühr für die Verwahrung sowie eine Depotbankgebühr. Beide Gebühren – Depotgebühr und Depotbankgebühr – zählen im Gegensatz zum ↑*Ausgabeaufschlag* zu den ↑*versteckten Kosten*, die bei der Ermittlung des ↑*Anteilswertes* berücksichtigt werden.

Eigenverwahrung (↑*Tafelgeschäft*)

Einmalanlage ist die Anlage eines bestimmten Betrages zu einem festen Zeitpunkt. Im Gegensatz zum ↑*Sparplan* werden keine regelmäßig wiederkehrenden Beträge in einen Fonds investiert, sondern nur Einmalbeträge. Je nach Investmentgesellschaft und Fonds ist die Einmalanlage nur ab bestimmten Mindestanlagebeträgen möglich.

Erträge, steuerfrei sind Erträge, die sich aus Veräußerungs- und Tilgungsgewinnen oder Bezugsrechtserlösen ergeben. Der Anteil an steuerfreien Erträgen liegt bei ↑*Aktienfonds* am höchsten und bei ↑*Rentenfonds* am geringsten. Bei ↑*offenen Immobilienfonds* sind im Durchschnitt etwa 50 Prozent der Erträge steuerfrei.

Erträge, steuerpflichtige sind Erträge einschließlich der anrechenbaren Steuern, die sich aus Dividenden-, Zins- oder Mieteinnahmen ergeben. Sie sind im Jahr der Ausschüttung in voller Höhe vom Anleger als Steuerinländer zu versteuern. Der Anteil der steuerpflichtigen Erträge an der ↑*Gesamtausschüttung* wird bei der Ertragnisausschüttung separat ausgewiesen und unterliegt – ausgenommen der anrechenbaren Steuern – dem Abzug der ↑*Zinsabschlagsteuer*. Der pauschale Abzug der Zinsabschlagsteuer durch die auszahlenden Stellen kann durch die Erteilung eines ↑*Freistellungsauftrages* oder Vorlage einer ↑*NV-Bescheinigung* verhindert werden. Dies ändert jedoch nichts an der Einkommensteuerpflicht für diese Erträge.

Ertragsausschüttung erfolgt jeweils am Ende des Geschäftsjahres eines Investmentfonds und setzt sich aus den steuerfreien und den steuerpflichtigen ↑*Erträgen* zusammen.

Ethikfonds sind ↑*Spezialitätenfonds*, die zur Gruppe der ↑*Aktienfonds* gehören. Im ↑*Sondervermögen* der Ethikfonds befinden sich ausschließlich Aktien von Unternehmen, die nicht auf dem militärischen Sektor engagiert sind und deren Aufgabenfelder sich mit den fondsspezifischen Auswahlkriterien vereinbaren lassen.

Fälligkeit ist der Zeitpunkt, an dem das ↑*Sondervermögen* eines Fonds aufgelöst und an die Anteilsinhaber ausbezahlt wird. Diese Regelung findet nur bei ↑*Laufzeitfonds*, ↑*Garantiefonds* und ↑*Zerofonds* Anwendung, da alle anderen Fondstypen ohne zeitliche Befristung aufgelegt werden.

Fonds für Fonds (↑*Dachfonds*)

Fondsgebundene Lebensversicherung ist eine Kombination von Risikolebensversicherung, die das Todesfallrisiko abdeckt, und einer Anlage in Investmentfonds, überwiegend in Form eines ↑*Sparplans*. Beim Fonds-Sparplan werden ↑*Aktienfonds* bevorzugt in der Hoffnung, langfristig höhere Erträge und Renditen zu erzielen. Die Laufzeit der Fonds-Police sollte mindestens 12 Jahre betragen, damit die Erträge bei Auszahlung steuerfrei bleiben. Für die Anlage seiner Sparanteile kann der Versicherungsnehmer im gewissen Rahmen die Wahl der Investmentfonds selbst bestimmen. Die Ungewißheit darüber, wie sich der Fonds am Ende der Versicherungslaufzeit entwickelt hat, läßt die Verwendung dieses Versicherungstyps als alleinige Altersvorsorge als wenig geeignet erscheinen. Bei vermieteten Immobilien kann die Fonds-Police als Tilgungsersatz dienen, was sich insbesondere für mutige Kapitalanleger empfehlen kann.

Fonds-Picking ist eine langfristige, professionelle und kundenindividuelle Vermögensverwaltung mit Investmentfonds. Aus der Fülle von Investmentfonds werden die Fonds „herausgepickt", die dem jeweiligen Anlegertyp möglichst gut entsprechen. Voraussetzung ist je nach Verwaltungsgesellschaft eine Mindestanlage zwischen 20.000 und 100.000 DM. Ganz wenige Fonds-Picker bieten auch ↑*Sparpläne* ab 100 DM monatlich an. Gegen Entrichtung einer jährlichen Verwaltungsgebühr, der anfallenden Ausgabeaufschläge sowie eventueller Gewinnbeteiligung wird für den Anleger ein Investmentdepot zusammengestellt. Die Fonds-Picker übernehmen dann neben der Überwachung der Investmentfonds auch die erforderlichen Umschichtungen im Kundendepot in eigener Regie.

Fonds-Police (↑*Fondsgebundene Lebensversicherung*)

Fondstypen sind nach dem Anlageobjekt zu unterscheiden in ↑*Aktienfonds*, ↑*Rentenfonds* und ↑*Immobilienfonds* mit ihren Sonderformen. Neben dieser hauptsächlich vorkommenden Dreiteilung gibt es noch andere Kriterien, nach denen sich Investmentfonds unterscheiden lassen. Zum Beispiel: Herkunft (Inlands- oder ↑*Auslandsfonds*), Gewinnverwendung (Ausschüttungs- oder ↑*thesaurierende Fonds*), Anzahl der Anleger (offene oder geschlossene Fonds) oder Art der Anleger (Publikums- oder Spezialfonds).

Freistellungsauftrag ist ein Auftrag an die depotführenden Kreditinstitute oder Fondsgesellschaften, den Fondsanleger von der ↑*Zinsabschlagsteuer* freizustellen. Dabei darf der Freistellungsbetrag von 6.100/12.200 DM insgesamt pro Jahr (Ledige/Verheiratete) für alle steuerpflichtigen Kapitalerträge nicht überschritten werden. Der auf einem besonderen Formular eingereichte und unterschriebene Freistellungsauftrag verhindert den pauschalen Abzug der Zinsabschlagsteuer sowie den Abzug von Körperschaft- oder Kapitalertragsteuer. Die Erträge werden dem Anleger bei Erteilung eines Freistellungsauftrages also brutto für netto gutgeschrieben. Ausnahme: ↑*Tafelgeschäfte*, für die prinzipiell kein Freistellungsauftrag erteilt werden kann. Das Bundesamt für Finanzen ist berechtigt, von allen inländischen Zahlstellen die Meldung sämtlicher ihnen erteilter Freistellungsaufträge mit den jeweiligen Freistellungshöhen zu verlangen, um gesetzeswidrige mehrmalige Inanspruchnahmen des Freistellungsbetrages zu unterbinden.

Futures-Fonds sind nach ausländischem Investmentrecht aufgelegte Investmentfonds, die sich auf Termingeschäfte wie Futures spezialisieren. Futures sind an den Börsen gehandelte Terminkontrakte, die sich beispielsweise auf Aktienkurse, Anleihekurse, Wechselkurse oder Rohstoffpreise beziehen. Futures und Futures-Fonds sind durch besonders hohe Kurschancen, aber auch hohe Kursrisiken gekennzeichnet. Um zumindest eine Garantie des eingezahlten Anlagebetrages abgeben zu können, legen einige Futures-Fonds bis zu 70 Prozent des Fondsvermögens in zinssicheren Zerobonds an.

Garantiefonds sind vorwiegend Luxemburger Fonds deutscher Herkunft, die einen bei Auflegung des Fonds festgelegten Anlageerfolg garantieren. Die Garantie bezieht sich auf den bloßen Kapitalerhalt (Geld-zurück-Garantie), auf einen bestimmten Ausschüttungsbetrag (Ausschüttungs-Garantie) oder auf einen bestimmten Mindest-Rücknahmekurs (Mindestkurs-Garantie). Garantiefonds kommen besonders häufig bei ↑*Geldmarktfonds* und geldmarktnahen Fonds vor, meist in Form eines garantierten Rücknahmepreises zu einem bestimmten Datum.

Geldmarktfonds/Geldmarktnahe Fonds sind Fonds, die ausschließlich oder überwiegend in Geldmarktpapieren, also in kurzlaufenden Wertpapieren, anlegen. Reine Geldmarktfonds sind nach deutschem Recht nicht zugelassen. Die hierzulande vorkommenden geldmarktnahen Fonds dürfen nur bis zu 49 Prozent ihres ↑*Sondervermögens* in Pa-pieren mit kurzer Laufzeit anlegen. Fast alle geldmarktnahen Fonds wurden von Luxemburger Töchtern deutscher Banken aufgelegt. Diese Fonds eignen sich besonders für das Parken von kurzfristig verfügbaren Geldern in Phasen hoher kurzfristiger Zinsen. Sie weisen nur geringe Kursschwankungen auf und geben sich meist mit Ausgabeaufschlägen von nur 1 Prozent zufrieden.

Gemischte Fonds sind Fonds, die sowohl in Aktien als auch in Anleihen anlegen. Sie stellen also eine Mischung von Aktien- und Rentenfonds dar. So ist beispielsweise der Fondra der Fondsgesellschaft ADIG ein gemischter Fonds, der zum 30.9.1992 zwei Drittel des Fondsvermögens in deutschen Aktien und ein Drittel in deutschen Renten angelegt hatte. Nebenbei bemerkt ist der Fondra der älteste deutsche Investmentfonds überhaupt, er startete am 18. August 1950.

Gesamtausschüttung ist die Ausschüttung, die sich bei ↑*Aktienfonds* aus ↑*Barausschüttung* und Körperschaftsteuerguthaben zusammensetzt. Liegt ein ↑*Freistellungsauftrag* oder eine ↑*NV-Bescheinigung* vor, kann der Anleger in Aktienfonds die Gesamtausschüttung brutto für netto, also ohne Abzug der ↑*Zinsabschlagsteuer* und einschließlich des Körperschaftsteuerguthabens kassieren. Sind diese Voraussetzungen nicht gegeben oder handelt es sich um ein ↑*Tafelgeschäft*, sieht die Abrechnung wie folgt aus:

Beispiel: Depotverwahrter Aktienfonds mit Abzug der Zinsabschlagsteuer

Gesamtausschüttung pro Anteil		15,00 DM
davon steuerfrei:	10,00 DM	
davon steuerpflichtig:	3,20 DM	
Körperschaftsteuerguthaben	1,80 DM	
Barausschüttung (ohne Körpersch.-Guthaben)		13,20 DM
minus 30 % Zinsabschlagsteuer auf 3,20 DM		./. 0,96 DM
= Gutschriftsbetrag		12,24 DM
+ anrechenbare Steuervorauszahlung		+ 2,76 DM
		15,00 DM

Die Gesamtausschüttung bei ↑*Rentenfonds* und ↑*offenen Immobilienfonds* setzt sich wegen der fehlenden Körperschaftsteuer nur aus zwei Komponenten zusammen: den steuerpflichtigen Zins- oder Mieteinnahmen und den meist aus Veräußerungsgewinnen resultierenden steuerfreien Erträgen. Liegen weder ↑*Freistellungsauftrag* noch ↑*NV-Bescheinigung* vor, wird bei depotverwahrten Anteilen an Renten- oder offenen Immobilienfonds die ↑*Zinsabschlagsteuer* in Höhe von 30 Prozent der steuerpflichtigen Erträge abgezogen. Bei Tafelgeschäften werden 35 Prozent Zinsabschlagsteuer abgezogen.

Beispiel: Depotverwahrter offener Immobilienfonds mit Abzug der Zinsabschlagsteuer

Gesamtausschüttung pro Anteil		10,00 DM
davon steuerfrei:	4,00 DM	
steuerpflichtig:	6,00 DM	
Gesamtausschüttung		10,00 DM
minus 30 % Zinsabschlagsteuer auf 6,00 DM		1,80 DM
= Gutschriftsbetrag		8,20 DM
+ anrechenbare Steuervorauszahlung		1,80 DM

Die gleichen Regelungen gelten grundsätzlich auch für inländische ↑*thesaurierende Investmentfonds* – mit dem Unterschied, daß hier die Fondsgesellschaft am Ende des Fondsgeschäftsjahres die Zinsabschlagsteuer generell von den steuerpflichtigen Erträgen abzieht und an das

Finanzamt überweist. Der Preis des Fondsanteils wird an diesem Tag entsprechend dem Zinsabschlag sinken. Anleger, die einen ↑*Freistellungsauftrag* erteilt oder eine ↑*NV-Bescheinigung* vorgelegt haben, erhalten die Zinsabschlagsteuer am Ende des Fondsgeschäftsjahres im Rahmen der Freibeträge erstattet. Ausländische thesaurierende Investmentfonds unterliegen nicht der deutschen Zinsabschlagsteuer.

Geschlossene Fonds kommen in Deutschland nur als geschlossene Immobilienfonds vor, während die deutschen Wertpapierfonds für alle Anleger offen sind. In angelsächsischen Ländern gibt es jedoch auch geschlossene Wertpapierfonds, bei denen die Anzahl der auszugebenden Anteile von vornherein festgelegt wird. Zumeist werden die Anteile geschlossener Wertpapierfonds im Ausland wie Aktien an den Börsen gehandelt, so daß sich der Anteilskurs nach Angebot und Nachfrage bildet. Weicht der börsenmäßige Anteilskurs vom rechnerischen ↑*Anteilswert* nach oben ab, spricht man von einem Aufgeld (Agio). Liegt der Anteilskurs unter dem Anteilswert, spricht man von Abgeld (Disagio) oder auch von Abschlag (Discount). Ein Rücknahmeanspruch des Anteilsinhabers ist bei geschlossenen Fonds regelmäßig ausgeschlossen. Das heißt, er kann seine Anteile nur über die Börse oder freihändig veräußern.

Gesetze wurden in der Bundesrepublik zum Schutze der Fondsanleger geschaffen. Nach deutschem Recht gegründete Fondsgesellschaften unterliegen den Bestimmungen des Gesetzes über Kapitalanlagegesellschaften (KAGG) von 1957, letztmalig novelliert im Jahr 1990. Für die ausländischen Investmentgesellschaften, die ihre Fonds in Deutschland vertreiben wollen, gilt das Gesetz über den Vertrieb ausländischer Investmentanteile und über die Besteuerung der Erträge aus ausländischen Investmentanteilen, das sogenannte Auslandsinvestment-Gesetz.

Immobilienfonds (offene/geschlossene) sind Fonds, die überwiegend in Gewerbeimmobilien investieren. Offene Immobilienfonds, die zu den Investmentfonds zählen, finanzieren ihre Projekte über die laufende Ausgabe von Anteilscheinen. Die Zahl der Anleger ist nicht beschränkt und schwankt ständig. Die Anteile an offenen Immobilienfonds können jederzeit zum ↑*Rücknahmepreis* an die Investmentgesellschaft zurückgegeben werden. Bei geschlossenen Immobilienfonds ist die Zahl der Anleger jedoch von vornherein begrenzt, gleiches gilt für die Anzahl der Objekte. Der Fonds wird geschlossen, sobald das zur Realisierung benötigte Kapital gezeichnet worden ist. Generell wird ein Mindestanlagebetrag ab 20.000 DM oder mehr vorausgesetzt. Die Anteilseigner an geschlossenen Immobilienfonds werden wie Miteigentümer an Immobilien behandelt und erzielen Einkünfte aus Vermietung und Verpachtung. Im Gegensatz hierzu führen Erträge aus offenen Immobilienfonds zu Einkünften aus Kapitalvermögen. Der Anteilsinhaber an offenen Immobilienfonds ist daher mit einem Fondsanleger in Wertpapierfonds steuerlich gleichgestellt.

Indexfonds/indexorientierte Fonds sind Aktienfonds, die ihr Anlagekonzept an einem bestimmten Aktienindex, zum Beispiel dem DAX (Deutscher Aktienindex), ausrichten. Da es reine Indexfonds noch nicht gibt, gestalten indexorientierte Aktienfonds die Anlage des Fondsvermögens so, daß es soweit wie möglich der Gewichtung der im Index enthaltenen Aktienwerte entspricht.

Inventarwert ist der Wert des ↑*Sondervermögens*. Es errechnet sich aus dem Wertpapiervermögen, bewertet mit dem börsentäglichen Kurswert, und dem sonstigen Vermögen einschließlich Bankguthaben. Bei offenen ↑*Immobilienfonds* tritt an die Stelle des Wertpapiervermögens das Immobilienvermögen, das mindestens einmal monatlich von Gutachtern neu bewertet wird. Teilt man das Fondsvermögen durch die Anzahl der im Umlauf befindlichen Fondsanteile, erhält man den Inventarwert je Anteil, der auch als Anteilswert bezeichnet wird und gleich dem ↑*Rücknahmepreis* ist. Auf Basis des Inventar- oder Anteilswerts wird der prozentuale ↑*Ausgabeaufschlag* ermittelt. Anteilswert plus Ausgabeaufschlag ergeben dann den ↑*Ausgabepreis* pro Fondsanteil.

Investmentfonds sind in Deutschland Wertpapierfonds oder ↑*offene Immobilienfonds* und werden vom Bundesaufsichtsamt für das Kreditwesen nach dem ↑*Gesetz über Kapitalanlagegesellschaften (KAGG)* überwacht. Jeder einzelne Investmentfonds stellt ein ↑*Sondervermögen* der jeweiligen Fonds- bzw. Kapitalanlagegesellschaft dar. Die Ausgabe der Investmentzertifikate oder ↑*Anteilscheine* erfolgt gegen Zahlung des ↑*Ausgabepreises* in das Fondsvermögen, das von den Fondsmanagern verwaltet und je nach Fondstyp in Aktien, Anleihen oder Immobilien angelegt wird. Der Anteilsinhaber erwirbt Miteigentum am Fondsvermögen in Höhe seiner Anteile. Ausgangsidee für die Gründung von Investmentfonds war und ist es, auch Kleinanlegern unter dem Gesichtspunkt der Risikostreuung die Möglichkeit zu bieten, sich über die Bildung eines Kapital-Pools oder „Topfes" Zugang zu den Wertpapier- und Immobilienmärkten zu verschaffen. Inzwischen deckt das Spektrum der Investmentfonds mit seinen zahlreichen ↑*Fondstypen* die Interessen nahezu sämtlicher Anlegertypen ab, angefangen beim vorsichtigen Kleinsparer über mehr spekulative Anleger bis hin zu institutionellen Investoren.

Investmentgesellschaft (↑*Kapitalanlagegesellschaft*)

Investmentzertifikat (↑*Anteilschein*)

Kapitalanlagegesellschaft ist eine Gesellschaft, die im eigenen Namen und für gemeinschaftliche Rechnung der Anteilsinhaber einen oder mehrere Investmentfonds verwaltet. Sie wird daher auch als Investment- oder Fondsgesellschaft bezeichnet. Nach dem ↑*Gesetz über Kapitalanlagegesellschaften (KAGG)* gelten zum Schutz des Anlegers besondere Regelungen hinsichtlich Rechtsform, Kapitalausstattung, Anlagemöglichkeiten, ↑*Depotbank* usw.

Kurzläuferfonds sind spezielle ↑*Rentenfonds*, die nur kurzlaufende festverzinsliche Wertpapiere erwerben und daher nur geringen Kursschwankungen unterliegen.

Länderfonds sind spezielle ↑*Aktienfonds*, die ihr Fondsvermögen nur in Aktienwerten eines bestimmten Landes anlegen. Die ↑*Wertentwicklung* von Länderfonds hängt daher unmittelbar von der Aktienbörse und der konjunkturellen Entwicklung des jeweiligen Ziellandes ab.

Laufzeitfonds sind spezielle ↑*Investmentfonds*, bei denen die Laufzeit grundsätzlich von vornherein festgelegt wird. Die Laufzeit dieser Fonds beträgt in der Regel zwischen 2 bis 8 Jahren. Am Ende der Laufzeit wird das ↑*Sondervermögen* aufgelöst und einschließlich der evtl. thesaurierten Zinsen und Wertsteigerungen an die Anteilsinhaber ausgezahlt. Laufzeitfonds investieren das ↑*Sondervermögen* vorrangig in Anleihen, deren Laufzeiten mit der des Fonds übereinstimmen. Insofern handelt es sich um spezielle ↑*Rentenfonds,* die vor allem für Terminsparer in Phasen eines hohen Zinsniveaus geeignet sind. Da die Anleihen regelmäßig Zinserträge abwerfen und bei Fälligkeit zum Nennwert zurückgezahlt werden, geht der Anteilsinhaber praktisch kein Risiko ein, sofern er die Fondsanteile bis zum Ende der Laufzeit behält. Eine vorzeitige Rückgabe zum ↑*Rücknahmepreis* ist jedoch jederzeit möglich. Der Verkauf der Anteile an Laufzeitfonds wird nach Ablauf einer genau bestimmten Frist, meist bis zum Zeitpunkt der Auflegung eines neuen Laufzeitfonds durch dieselbe Fondsgesellschaft, eingestellt.

Mantel (↑*Anteilschein*)

Mündelsicherheit ist eine Vorschrift des Bürgerlichen Gesetzbuches (BGB), wonach der Vormund Gelder des Mündels verzinslich anzulegen hat in den dafür vom Gesetzgeber wegen ihres geringen Risikos für mündelsicher erklärten festverzinslichen Wertpapieren. Normalerweise sind Investmentanteile nicht für die Anlage von Mündelgeldern vorgesehen. Sie können aber im Einzelfall durch die Zustimmung des Vormundschaftsgerichts als mündelsicher anerkannt werden.

NV-Bescheinigung ist eine Bescheinigung des zuständigen Finanzamts, daß der Steuerpflichtige wegen Unterschreitens bestimmter Einkommensgrenzen – zum Beispiel 27.000/54.000 DM zu versteuerndes Einkommen pro Jahr (Ledige/Verheiratete) – nicht zur Einkommensteuer veranlagt wird. Diese Nicht-Veranlagungsbescheinigung wird nur auf Antrag vom Wohnsitzfinanzamt ausgestellt. Die Vorlage einer NV-Bescheinigung beim depotführenden Kreditinstitut bewirkt, daß der Anteilsinhaber eines Investmentfonds neben der ↑*Barausschüttung* auch das Körperschaftsteuerguthaben vergütet bekommt und von der ↑*Zinsabschlagsteuer* befreit wird. NV-Bescheinigungen gelten für maximal 3 Jahre und müssen bei Wegfall der Voraussetzungen an das Finanzamt zurückgegeben werden.

Offene Investmentfonds sind Investmentfonds, bei denen im Gegensatz zu ↑*geschlossenen Fonds* die Anzahl der Anteile und damit der Anleger nicht begrenzt ist. Offene Fonds verkaufen je nach Nachfrage laufend neue Anteile oder nehmen diese von den Anlegern zurück. Der ↑*Anteilswert* errechnet sich börsentäglich aus dem Wert des ↑*Sondervermögens*, geteilt durch die Anzahl der im Umlauf befindlichen Anteile.

Optionsscheinfonds sind spezielle ↑*Wertpapierfonds*, die vorwiegend in Optionsscheinen oder in Options- und Wandelanleihen investieren. Kurschancen und Kursrisiken sind höher als bei ↑*Aktienfonds*. Steigen die Aktienkurse, werden Optionsscheinfonds überproportional zulegen. Im umgekehrten Falle sind hohe Wertverluste bei Optionsscheinfonds kaum zu vermeiden.

Performance (↑*Wertentwicklung*)

Portefeuille ist allgemein der Gesamtbestand eines Vermögens, meist des Wertpapiervermögens. Bei ↑*Investmentfonds* wird unter dem Portefeuille oder auch Portfolio die Zusammensetzung des Fondsvermögens verstanden.

Prospekthaftung umfaßt die Haftung gegenüber Fondsgesellschaften oder Vermittlern aufgrund falscher oder fehlender Angaben im Verkaufsprospekt. Bei ↑*Kapitalanlagegesellschaften* muß der Verkaufs- oder Emissionsprospekt den inhaltlichen Bestimmungen des ↑*Gesetzes über Kapitalanlagegesellschaften (KAGG)* genügen. Sind wesentliche Angaben fehlerhaft oder nur unvollständig im Propekt veröffentlicht, so daß der Anleger keine richtige Beurteilung der Anlage vornehmen kann, ist er durch die Prospekthaftung gegen etwaige Schäden geschützt. Er besitzt dann einen Anspruch auf Rückgabe der Anteile gegen Erstattungen des durch ihn gezahlten Anlagebetrages sowohl gegen die Fondsgesellschaft als auch unter Umständen gegen gewerblich tätige Vermittler dieser Investmentanteile.

Publikumsfonds sind Investmentfonds, die im Gegensatz zu ↑*Spezialfonds* für jeden offen sind. Die Investmentzertifikate sind also nicht einem besonderen Erwerberkreis vorbehalten.

Publizitätspflicht ist die Pflicht der Investmentgesellschaften laut Gesetz über Kapitalanlagegesellschaften (KAGG), dem Anleger speziell vor Erwerb eines Anteilscheins und darüber hinaus auch später Verkaufsprospekte, Halbjahres- und Rechenschaftsberichte zur Verfügung zu stellen. Art und Umfang der Informationen über den Investmentfonds sind gesetzlich fixiert.

Quasi-Geldmarktfonds (↑*Geldmarktnahe Fonds*)

Rechenschaftsbericht ist ein Bericht, den die Fondsgesellschaft innerhalb des 1. Quartals des neuen Geschäftsjahres pflichtgemäß und geprüft für jeden von ihr verwalteten Investmentfonds vorlegt, und zwar stichtagsbezogen auf den letzten Tag des vergangenen Geschäftsjahres. Vergleichbar einem Geschäftsbericht eines Unternehmens enthält der Rechenschaftsbericht eine Vermögensaufstellung, die Aufwands- und Ertragsrechnung mit Ausweis des ↑*Ausschüttungsbetrages* sowie allgemeine Informationen über die Geschäftsentwicklung. Der Rechenschaftsbericht muß bestimmte gesetzliche Mindestanforderungen erfüllen und ist den Anlegern bzw. Ersterwerbern zur Beurteilung der Vermögenslage kostenlos zur Verfügung zu stellen. Gleiches gilt für den weniger umfangreichen Halbjahresbericht, der jeweils zur Mitte des Geschäftjahres von den Investmentgesellschaften erstellt werden muß.

Regionalfonds sind spezielle ↑*Aktienfonds*, die sich auschließlich auf den Erwerb von Aktien einzelner Unternehmen in einer festgelegten Region beschränken. Die ↑*Wertentwicklung* des Regionalfonds hängt somit entscheidend von der Entwicklung dieses Wirtschaftsraums ab.

Rendite (↑*Anleger-Rendite*)

Rendite-Risiko-Profil gibt meist schaubildlich den Zusammenhang zwischen Rendite und Risiko wider, wobei die Grundsätze „je höher die Rendite, desto höher das Risiko" und „je höher das Risiko, desto höher die Rendite" bestätigt werden. Bei Investmentfonds wird auf der senkrechten Achse die ↑*Wertentwicklung* pro Jahr in Prozent dargestellt, von Fachleuten auch Jahres-Performance genannt. Auf der waagerechten Achse wird die prozentuale ↑*Standardabweichung*, auch als Volatilität bezeichnet, zur Messung des Risikos abgetragen. In der Vergangenheit waren hohe Renditen bei hohem Risiko insbesondere mit deutschen ↑*Aktienfonds* zu erzielen, während offene ↑*Immobilienfonds* meist niedrige Renditen bei niedrigem Risiko abwarfen.

Rentenfonds sind Fonds, die ihr ↑*Sondervermögen* ausschließlich oder überwiegend in Anleihen anlegen. Dies sind festverzinsliche Wertpapiere mit DM-Inlandsanleihen bei Rentenfonds mit Anlageschwerpunkt Deutschland oder DM-Auslandsanleihen und Fremdwährungsanleihen mit Anlageschwerpunkt Ausland. Zusammen mit den ↑*Aktienfonds* bilden die Rentenfonds die Gruppe der ↑*Wertpapierfonds*. Insgesamt machen Rentenfonds etwa 90 Prozent der Wertpapierfonds und 80 Prozent der ↑*Investmentfonds* aus, sofern man das Fondsvermögen der deutschen ↑*Publikumsfonds* einschließlich der Luxemburger Fonds deutscher Herkunft zugrundelegt. Von den klassischen Rentenfonds sind spezielle Rentenfonds zu unterscheiden wie ↑*Laufzeitfonds*, ↑*Geldmarktfonds*, ↑*Garantiefonds* und ↑*Zerofonds*, die sich allesamt besonders in der Hochzinsphase von 1990 bis 1992 zu einem Renner entwickelten.

Rücknahmepreis ist der Preis, zu dem die Fondsgesellschaften Investmentanteile zurückkaufen. Er ist gleich dem ↑*Inventar- oder Anteilswert* und wird börsentäglich ermittelt. Rücknahmepreis plus ↑*Ausgabeaufschlag* ergeben den ↑*Ausgabepreis*, den ein Erwerber zahlen muß.

Sondervermögen ist das Vermögen eines Investmentfonds, das strikt vom Vermögen der Fondsgesellschaft zu trennen ist und nicht für deren Verbindlichkeiten haftet. Der Wert des Sondervermögens wird börsentäglich errechnet aus dem Kurswert, der im Fonds enthaltenen Wertpapiere bzw. Immobilien plus dem Bankguthaben und der sonstigen Vermögensgegenstände minus der bestehenden Verbindlichkeiten. Das Sondervermögen wird von einer in den Vertragsbedingungen bestimmten ↑*Depotbank* verwahrt, die sicherstellt, daß das Sondervermögen nicht für eigene Geschäfte der Fondsgesellschaft mißbraucht wird.

Sparer-Freibetrag ist ein Freibetrag für Kapitalerträge wie Zinsen oder Dividenden und beträgt ab dem 1.1.1993 für Ledige 6.000 DM pro Jahr und für Verheiratete 12.000 DM. Bis zu diesen Sparer-Freibeträgen plus der Werbungskostenpauschale von 100/200 DM (Ledige/ Verheiratete) bleiben Einkünfte aus Kapitalvermögen steuerfrei. Um einen pauschalen Abzug der ↑*Zinsabschlagsteuer* zu vermeiden, besteht die Möglichkeit, dem depotführenden Kreditinstitut einen ↑*Freistellungsauftrag* zu erteilen oder eine ↑*NV-Bescheinigung* des zuständigen Finanzamts einzureichen. Bei ↑*Investmentfonds* werden dann bis zum Freistellungsbetrag von 6.100/12.200 DM (Ledige/Verheiratete) Barausschüttungen plus Körperschaftsteuerguthaben ohne Abzug von ↑*Zinsabschlagsteuer* gutgeschrieben.

Sparplan ist ein Plan zum Aufbau eines Vermögens durch regelmäßig wiederkehrende Einzahlungen. Bei Fonds-Sparplänen spricht man daher auch von Einzahlungs-, Aufbau- oder Wachstumsplänen. Der Fondsanleger erwirbt zu meist monatlich festgelegten Terminen Investmentanteile oder ↑*Anteilsbruchteile* eines von ihm ausgewählten Fonds in Höhe des vereinbarten Sparbetrages. Dabei kommt ihm der ↑*cost-avarage-Effekt* zugute. Fonds-Sparpläne sind nur bei Fonds möglich, die eine solche Anlageform in ihren Vertragsbedingungen zulassen. Meist wird ein bestimmter Mindestanlagebetrag von üblicherweise 100 DM vorausgesetzt. Eine Sonderform des Fonds-Sparplans ist der Sparplan für ↑*vermögenswirksame Leistungen* in ↑*Aktienfonds*. Bei diesen 936-DM-Aktienfonds profitiert der Anleger zusätzlich von der Arbeitnehmersparzulage in Höhe von jährlich 187,20 DM gleich 20 Prozent von 936 DM, sofern er als Arbeitnehmer ein zu versteuerndes Jahreseinkommen von nicht mehr als 27.000/54.000 DM (Ledige/ Verheiratete) hat.

Spezialfonds sind im Gegensatz zu ↑*Publikumsfonds* nicht jedermann zugänglich, sondern nur institutionellen Anlegern wie Versicherungen, Pensionskassen, Gewerkschaften, Kirchen oder anderen juristischen Personen. Die Spezialfonds machen zahlen- und volumenmäßig den Großteil der in Deutschland aufgelegten ↑*Investmentfonds* aus.

Spezialitätenfonds sind spezielle ↑*Aktienfonds*, die in bestimmten Gebieten oder Unternehmensbereichen anlegen. Dazu zählen ↑*Länderfonds*, ↑*Regionalfonds*, ↑*Branchenfonds*, ↑*Technologiefonds*, ↑*Umweltfonds* und ↑*Ethikfonds*. Spezialitätenfonds zeichnen sich durch größere Wachstumschancen aus im Vergleich zu klassischen ↑*Aktienfonds*. Das geht aber auf Kosten der Risikostreuung. Spezialitätenfonds sind daher in erster Linie für spekulativer eingestellte Anleger geeignet. Bei speziellen ↑*Rentenfonds* wie ↑*Laufzeitfonds*, ↑*Geldmarktfonds*, ↑*Garantiefonds* und ↑*Zerofonds* handelt es sich um Sonderformen, aber nicht um Spezialitätenfonds im engeren Sinne.

Standardabweichung ist eine statistische Zahl, mit der bei ↑*Rendite-Risiko-Profilen* die Schwankungsbreite der ↑*Wertentwicklung* gemessen werden soll. Sie ist praktisch ein Risikomaß, da sie die Abweichungen von der durchschnittlichen Wertentwicklung nach oben und nach unten angibt. Fondsmanager sprechen auch von der Volatilität des entsprechenden Investmentfonds.

Steuerbescheinigung ist eine Bescheinigung für den Depotkunden zur Vorlage beim Finanzamt. Sie dient als Nachweis der geleisteten ↑*Zinsabschlagsteuer* und des auf die Einkommensteuer anrechenbaren Körperschaftsteuerguthabens bei ↑*Aktienfonds*. Wird die Gesamtausschüttung infolge Vorliegens von ↑*Freistellungsaufträgen* oder ↑*NV-Bescheinigungen* brutto für netto ausgezahlt, ist der volle steuerpflichtige Ertragsanteil in der Anlage KSO zur Einkommensteuererklärung anzugeben. Dies gilt auch, wenn die Kapitalerträge den Freistellungsbetrag von 6.100/12.200 DM (Ledige/Verheiratete) nicht überschreiten und damit praktisch steuerfrei kassiert werden können.

Steuer-Informationsblatt wird als Broschüre einmal jährlich vom ↑*BVI* kostenlos herausgegeben und enthält neben der Auflistung der genauen Zusammensetzung der Fondsausschüttungen wichtige Hinweise zur steuerlichen Behandlung der Investmentanlage und zum Ausfüllen der Anlage KSO (Kapitalvermögen und sonstige Einkünfte) bei der Einkommensteuererklärung.

Tafelgeschäft ist ein Zug-um-Zug-Geschäft, bei dem die ↑*Anteilscheine* gegen Bezahlung über den Bankschalter ausgehändigt und die Ertragsscheine Jahr für Jahr in bar eingelöst werden. Bei dieser Eigenverwahrung von Mantel und Bogen trägt der Anteilsinhaber das volle Verlustrisiko, daher ist zumindest die Anmietung eines Bankschließfaches erforderlich. Außerdem hat der Inhaber von Tafelpapieren selbst für die Einlösung fälliger Ertragsscheine und die Erneuerung des

Bogens zu sorgen. Ab 1.1.1993 werden bei Tafelgeschäften in der Bundesrepublik automatisch 35 Prozent Zinsabschlagsteuer vom steuerpflichtigen Teil der ↑*Barausschüttung* einbehalten. Die Erteilung eines ↑*Freistellungsauftrages* für Tafelgeschäfte ist nicht möglich. Der Fondsanleger erhält von der Zahlstelle lediglich eine ↑*Steuerbescheinigung*, die er beim Finanzamt einreichen kann, um die einbehaltenen ↑*Zinsabschlagsteuer* über die Einkommensteuererklärung wiederzubekommen oder mit der tatsächlichen Einkommensteuer zu verrechnen.

Technologiefonds sind spezielle ↑*Aktienfonds*, deren Fondsvermögen sich aus Aktien von Unternehmen, die im Bereich der Hochtechnologie forschen und produzieren, zusammensetzt.

Thesaurierende Fonds sind Investmentfonds, bei denen die erzielten Erträge nicht ausgeschüttet, sondern sofort wieder angelegt werden. Die Nichtausschüttung und sofortige Wiederanlage der Erträge wirkt sich über den Zinseszinseffekt insgesamt in steigenden ↑*Anteilswerten* aus. Der Anleger erhält bei thesaurierenden Fonds eine ↑*Steuerbescheinigung*, die für das abgelaufene Geschäftsjahr die Höhe und Zusammensetzung der fiktiv zugeflossenen Erträge ausweist.

Umbrella-Fonds sind Fondskonstruktionen nach ausländischem Investmentrecht. Der Umbrella-Fonds (umbrella, engl. = Regenschirm) fungiert als Oberfonds für eine im Zeitpunkt der Auflegung genau festgelegte Anzahl von Unterfonds, die sich als ↑*Aktienfonds* oder ↑*Rentenfonds* durch ihre spezifische Anlagepolitik unterscheiden. Der Anleger zahlt bei Ersterwerb eines „Regenschirm-Fonds" einen einmaligen ↑*Ausgabeaufschlag* und ist dann in der Lage, entweder ganz ohne weitere Umtauschgebühren oder gegen eine geringe Pauschale nach eigenem Wunsch von einem Fonds in einen anderen zu wechseln (sogenanntes Switchen).

Umtauschmöglichkeit ist die Möglichkeit für Anleger, bei einer Fondsgesellschaft von einem Fonds in einen anderen Fonds gebühren- und kostenfrei oder zumindest zu ermäßigten Gebührensätzen überzuwechseln. Nur wenige Investmentgesellschaften erlauben das kostengünstige Umtauschen von ↑*Anteilscheinen*. Meist wird beim Umtausch der normale ↑*Ausgabeaufschlag* verlangt.

Umweltfonds sind spezielle ↑*Aktienfonds*, deren Anlagepolitik auf den Erwerb von Aktien von in der Umwelttechnologie tätigen Unternehmen gerichtet ist. Umweltfonds zählen ebenso wie ↑*Ethikfonds* und ↑*Technologiefonds* zu den ↑*Spezialitätenfonds*.

Veräußerungsgewinn ist bei Fondsanteilen der Gewinn aus der positiven Differenz zwischen Verkaufspreis (als ↑*Rücknahmepreis*) und Einstandspreis (als ↑*Ausgabepreis*). Veräußerungsgewinne bleiben steuerfrei, wenn zwischen Erwerb und Verkauf der Investmentanteile mehr als sechs Monate liegen. Andernfalls zählen die Veräußerungsgewinne zu den Spekulationsgewinnen und sind dann als sonstige Einkünfte zu versteuern.

Vermögenswirksame Leistungen sind Leistungen des Arbeitgebers an seine Arbeitnehmer (einschließlich Auszubildenden) im Rahmen des 936-DM- bzw. Vermögensbildungsgesetzes. Werden maximal 78 DM monatlich in Investmentfonds angelegt, die mindestens 70 Prozent ihres ↑*Sondervermögens* in Aktien investieren und deren Vertragsbedingungen die Anlage solcher vermögenswirksamer Leistungen vorsehen, kann der Fondsanleger in den Genuß der Arbeitnehmersparzulage in Höhe von 20 Prozent des Anlagebetrages, das sind 15,60 monatlich oder 187,20 DM jährlich, kommen. Danach zahlt der Staat denjenigen Arbeitnehmern, deren zu versteuerndes Jahreseinkommen 27.000/ 54.000 DM (Ledige/Verheiratete) nicht übersteigt, auf Antrag im Rahmen des Einkommensteuerbescheids oder Lohnsteuer-Jahresausgleichs maximal 187,20 DM pro Jahr bei der Anlage in Aktien oder ↑*Aktienfonds* aus. Eine aktuelle Übersicht der für diese Anlageformen in Frage kommenden ↑*Aktienfonds* ist beim ↑*BVI* kostenlos erhältlich.

Verkaufsprospekt ist ein nach den Vorschriften des Gesetzes über Kapitalanlagegesellschaften (KAGG) erstellter Prospekt, der dem Ersterwerber vor Vertragsabschluß neben dem ↑*Rechenschaftsbericht* auf Wunsch kostenlos zur Verfügung zu stellen ist. Insbesondere enthält der Verkaufsprospekt Angaben über das ↑*Sondervermögen*, die Fondsgesellschaft und deren Anlagepolitik, die ↑*Depotbank* und ein mögliches Widerrufsrecht. Gegen Schaden aus unrichtigen oder fehlenden Angaben ist der Anleger durch die gesetzliche ↑*Prospekthaftung* geschützt.

Versteckte Kosten sind laufende Kosten, die als Verwaltungs- und Depotbankgebühren von der Fondsgesellschaft berechnet werden und nicht offen im ↑*Ausgabeaufschlag* enthalten sind. Die Höhe dieser Kosten ist in den Vertragsbedingungen eines jeden Fonds geregelt. Versteckte Kosten werden im Gegensatz zu den ↑*offenen Kosten* dem Fondsvermögen direkt belastet.

Volatilität (↑*Standardabweichung*)

Wertentwicklung gibt für bestimmte Zeitabschnitte die Leistung des Fondsmanagements an und wird neudeutsch auch Performance genannt. In die Wertentwicklung gehen die laufenden Erträge und die Änderungen des ↑*Anteilswertes* ein. Die Wertentwicklung dient dem Vergleich verschiedener Investmentfonds gleicher Anlageschwerpunkte, bezogen auf die Vergangenheit. Unter den üblichen Voraussetzungen (↑*Einmalanlage*, Ertragswiederanlage ohne Abzug von ↑*Zinsabschlagsteuer* zum Anteilswert sowie Endbewertung zum Anteilswert) läßt sie sich analog der ↑*BVI-Methode* wie folgt berechnen:

Kaufdatum: 1.1.1992, Anteilswert	100 DM
Ausschüttung: 1.8.1992	5 DM
Anteilswert am Tag der Ausschüttung	110 DM
Wiederanlage: 5 DM = 0,045 Anteilsbruchteil	
neuer Anteilsbestand am 1.8.1992 = 1,045 Anteile	
angenommener Endwert am 31.12.1992	112 DM
Kurswert: 112 DM x 1,045 Anteile =	117 DM

Damit errechnet sich eine jährliche Wertsteigerung von 17 Prozent. Die tatsächliche ↑*Anleger-Rendite* ergibt sich, indem die jährliche Wertentwicklung um den ↑*Ausgabeaufschlag* bereinigt wird. Bei einem angenommenen ↑*Ausgabeaufschlag* von 5 Prozent errechnet sich für obiges Beispiel eine echte Anleger-Rendite von 11,4 Prozent.

Wertpapierfonds sind die Hauptgruppe der ↑*Investmentfonds* und investieren im Gegensatz zu offenen ↑*Immobilienfonds* ausschließlich in Wertpapiere wie Aktien oder Anleihen. Zur Gruppe der Wertpapierfonds zählen alle ↑*Aktienfonds* und ↑*Rentenfonds* sowie die aus ihnen abgeleiteten ↑*Spezialitätenfonds*, Spezialformen wie ↑*Laufzeit-* oder ↑*Geldmarktfonds* sowie die ↑*gemischten Fonds*.

Wiederanlagerabatt ist ein Rabatt, der bei der Wiederanlage der Gesamt- oder ↑*Barausschüttung* maximal bis zur Höhe des ↑*Ausgabeaufschlages* gewährt wird. Dieser Rabatt ermöglicht eine befristete und kostengünstige Wiederanlage der Erträge. Bei ↑*Sparplänen* erfolgt grundsätzlich eine automatische Wiederanlage, sofern keine anderen Vereinbarungen getroffen werden.

Zerofonds sind spezielle ↑*Rentenfonds*, die ihr Fondsvermögen vorwiegend in Zerobonds, also in Null-Kupon-Anleihen, anlegen. Als ↑*Laufzeitfonds* werden sie am Fälligkeitstermin aufgelöst. Oft werden den Zerobonds noch normale Anleihen mit niedrigen Nominalzinsen und mit gleicher Restlaufzeit beigemischt.

Zinsabschlagsteuer ist eine Vorauszahlung auf die Einkommensteuer in Höhe von 30 Prozent bzw. 35 Prozent der steuerpflichtigen Kapitalerträge. Bei Investmentfonds wird sie berechnet auf den steuerpflichtigen Anteil der ↑*Barausschüttung* und beträgt 30 Prozent bei depotverwahrten und 35 Prozent bei eigenverwahrten Investmentanteilen. Einzige Ausnahme bilden die ausländischen thesaurierenden Investmentfonds, deren Erträge generell von der Zinsabschlagsteuer befreit sind. Die Höhe der Zinsabschlagsteuer wird auf einer ↑*Steuerbescheinigung* ausgewiesen und im Zuge der Einkommensteuererklärung als Vorauszahlung auf die persönliche Einkommensteuer angerechnet. Der Abzug der Zinsabschlagsteuer kann bei Erteilung eines ↑*Freistellungsauftrages* oder Vorlage einer ↑*NV-Bescheinigung* verhindert werden. Der Zinsabschlagsteuer unterliegen alle sogenannten Steuerinländer, das sind Personen mit Wohnsitz oder gewöhnlichem Aufenthalt in Deutschland. Steuerausländer sind grundsätzlich freigestellt.

Literaturverzeichnis

Balk/Eller/Gutmann: Investmentfonds, Praxisleitfaden für Kapitalanleger, Economica Verlag, Bonn

Bernd Borgmeier: Ratgeber Investmentfonds, Wilhelm Heyne Verlag, München

Peter Fehrenbach: An Investmentfonds verdienen, Chancen, Risiken und Anlagestrategien, Rudolf Haufe Verlag, Freiburg i. Br.

Manfred Gburek: Investmentfonds, Wege zum Reichtum, Gabler Verlag, Wiesbaden

Michael Groos/Klaus Träger: Investmentfonds, so finden Sie die besten, Mosaik Verlag, München

Manfred Laux: Wertpapier – Investmentfonds, Fritz Knapp Verlag, Frankfurt/Main

Hans-Gerd Mol: Investmentfonds-ABC, Vermögensaufbau für jedermann, Deutscher Taschenbuch Verlag, München

Rüdiger Päsler: Handbuch des Investmentsparens, Gabler Verlag, Wiesbaden

Sind Sie in Geldfragen immer gut beraten

„Der Geldanlage-Berater"

Das Handbuch für den
privaten Vermögensaufbau

Machen Sie mehr aus Ihrem Geld

Wie Sie Ihr Geld anlegen, das ist in der heute sich schnell verändernden Zeit genauso wichtig wie die Frage, wieviel Geld Sie verdienen.

Es gibt Dutzende von Möglichkeiten, wie Sie Ihr Geld sicher und gewinnbringend anlegen können. Doch eine Möglichkeit allein kann kaum Ihre „goldene Chance" sein. Sie brauchen deshalb ein zu Ihren persönlichen Zielen passendes Vermögens-Konzept, um mehr aus Ihrem Geld zu machen. Neben den Chancen einer Kapitalanlage müssen Sie auch immer die Risiken kennen, um Verlusten vorzubeugen.

So hilft Ihnen der Geldanlage-Berater bei Ihrem privaten Vermögensaufbau

Sie lassen Ihr Geld für Sie arbeiten

Mit allen Möglichkeiten, wie Sie mehr aus Ihrem Geld machen von A wie Aktien bis Z wie Zerobonds und Zinsgewinne.

Sie sparen Steuern

Mit zahlreichen Beispielen, wie Sie durch geschickte Gestaltung jetzt auch Steuern dauerhaft sparen.

Sie machen Ihr Geld sicher

So schützen Sie Ihr Vermögen vor Inflation, Kursstürzen und Zinseinbrüchen sowie vor unseriösen Angeboten.

Sie bauen sich Ihr privates Vermögen auf

Mit dem richtigen Anlagekonzept für Ihre persönlichen Ziele.

Mit den Entscheidungshilfen und Praxis-Tips

Bewährte Checklisten, Übersichten, Muster und Beispielkalkulationen der erfahrenen Experten helfen Ihnen bei Ihrem privaten Vermögensaufbau – einfach, schnell und sicher.

Eine Auswahl von über 300 Entscheidungshilfen aus „Der Geldanlage-Berater"

- Das neue Prüfschema: so bewerten Sie innerhalb von 3 Minuten jede Geldanlage selbst, ob Sie zu Ihrem privaten Vermögensaufbau paßt.

- Die 7 sichersten Geldanlagen, wenn es wirklich zur drohenden Inflation kommt.

- Sie bekommen eine Kapital-Lebensversicherung ausgezahlt: Was Sie jetzt am besten mit dem Geld machen.

- Welche Sparformen Sie trotz manigfaltiger Angebote von der Bank vergessen können und welche weniger bekannten es gibt, die sich lohnen.

- Private Vermögensverwaltung: So haben Sie alles leicht selbst im Griff und verpassen keinen wichtigen Termin.

- Beraterauswahl: Drei Fragen, die Sie von guten Anlageberatern bei Banken unaufgefordert erwarten müssen.

Gratisinformation

Fordern Sie jetzt kostenlose Informationen über den „Geldanlage-Berater" an:
Leserservice Verlag Norman Rentrop
Heuridweg 32, Postfach 3333, 8990 Lindau
oder rufen Sie uns einfach an:
Tel. 08382/73025, Fax 08382/72661

- *Fundierte Unternehmensplanung*
- *Preiswerte Versicherungen*
- *Recht bekommen*
- *Richtige Organisation*
- *Weniger Steuern zahlen*
- *Kluge Finanzierung*
- *Erfolgreiche Werbung*
- *Gute Mitarbeiter*

Mehr erreichen als informierter Unternehmer durch das

„Handbuch für Selbständige und Unternehmer"

- aktueller als ein Buch
- übersichtlicher als eine Zeitschrift
- praxisnäher als ein Lexikon

Wie oft haben Sie sich schon gewünscht, beim erfolgreichen Aufbau Ihres Unternehmens Spezialisten zur Verfügung zu haben? Finanz-Planer, Rechtsanwälte, Unternehmensberater, Steuerexperten, Versicherungsfachleute, Personalberater und Werbeberater.

Das umfangreichste Beratungswerk für Unternehmensgründer

gibt Ihnen zuverlässig und aktuell Antwort auf alle geschäftlichen Fragen. Über 110 Fachautoren beraten Sie mit Entscheidungshilfen zu allen Fragen des Unternehmensaufbaus. Praxisgerecht aufbereitet. Mit Checklisten, Praktikerformularen und Musterverträgen sparen Sie wertvolle Zeit, und vermeiden viele Fehler. So gewinnen Sie leicht manche zusätzliche Mark.

Sichern Sie sich jetzt das unentbehrliche Wissen für Ihren geschäftlichen und persönlichen Mehr-Erfolg

Leicht verständlich und logisch geordnet von A-Z, finden Sie auf über 2.500 Seiten zu fast jeder nur erdenklichen Frage klare und verständliche Entscheidungshilfen:

- wie Sie erfolgreich ein Unternehmen gründen und führen
- wie Sie mit Ihrer Bank verhandeln und die günstigsten Zinsen herausholen
- wie Sie Kunden gewinnen und halten
- wie Sie gute Mitarbeiter finden und motivieren,
- welche Gesetze Sie beachten müssen,
- wie Sie solide Verträge abschließen,
- wo Sie Ansprechpartner finden,
- wie Sie Ihren Umsatz mit erfolgreicher Werbung erhöhen,
- wie Sie bei all dem Ihre Kosten so niedrig wie möglich halten.

Durch die monatlichen Aktualisierungslieferungen sind Sie immer auf dem laufenden über alle steuerlichen, gesetzlichen und anderen Veränderungen. Gleichzeitig erhalten Sie aktuelle Tips und Meldungen. Und Ihre Sammlung von Entscheidungshilfen wächst stetig.

Gratisinformation

Fordern Sie jetzt kostenlose Gratisinformationen über das „Handbuch für Selbständige und Unternehmer" an:
Verlag Norman Rentrop, Theodor-Heuss-Straße 4/EB70, 5300 Bonn 2. Oder rufen Sie uns einfach an: Tel. 0228/82050.

1000 Ideen für erfolgreiche Werbung

Neue Ausgabe

„Der Werbeberater"
Ideenservice für
erfolgreiche
Werbung und
Öffentlichkeits-
arbeit

889 Seiten Praxiswissen

- Die interessantesten Anzeigen und Headlines
- Direktwerbe-Praxis
- Werbeartikel-Ideenservice
- Verkaufsförderungs-Aktionen und Veranstaltungen

- Gestaltungs- und Dekorationsideen
- Werbetext-Seminar
- Motivations- und Schulungstechnik in der Praxis
- Jeden Monat neu: etwa 60 – 80 Seiten mit neuen Ideen und Werbevorschlägen

Erfolgreiche Werbung muß nicht teuer sein

Bislang konnten sich nur große Unternehmen den Service teurer Werbeagenturen leisten. Das war schade. Denn gerade in dynamischen kleineren Unternehmen kann die richtige Werbeidee sehr schnell mehr Umsatz und Gewinn bewirken. Deshalb gibt's jetzt den „Werbeberater". Unser Expertenteam liefert Ihnen das gesamte Werbewissen und aktuelle Ideen. Sie brauchen nur noch zuzugreifen.

Kompaktes Fachwissen Werbung: Alles, was Sie wissen müssen.

„Der Werbeberater" ist ein unentbehrliches Arbeitsmittel für Ihre tägliche Praxis. Was immer in Deutschland für erfolgreiche Ideen in der Werbung und Öffentlichkeitsarbeit entstehen – Ihnen bleibt nichts mehr verborgen. Jede Menge Beispiele: Wie Sie neue Kunden finden. Wie Sie in die Zeitung kommen. Wie Sie aus Gelegenheitskäufern Stammkunden machen. Wie Sie Ihre Anzeigen aus der Masse herausheben. Wie Sie erfolgreiche Werbebriefe texten.

„Der Werbeberater" bleibt immer aktuell

In der Werbung gibt es laufend Veränderungen. Regelmäßig durchforstet die „Werbeberater"-Redaktion für Sie mehr als 100 Zeitschriften nach neuen Ideen. In jeder steckt der Kern für viele weitere Anwendungsmöglichkeiten. Sofort umsetzbar, mit Beispielen, Adressen, Telefonnummern, Preis- und Kostenangaben. „Der Werbeberater" macht sich schnell bezahlt. Selbst kleine Anzeigen kosten schnell ein paar hundert DM. Wenn „Der Werbeberater" Sie vor einem einzigen Flop bewahren kann, hat er sich bereits mehr als bezahlt gemacht.

Gratisinformation

Fordern Sie jetzt kostenlose Informationen über den „Werbeberater" an:
Leseservice Verlag Norman Rentrop
Heuriedweg 32, Postfach 33 33, 8990 Lindau.
Oder rufen Sie uns einfach an:
Tel. 0 83 82 / 7 30 25, Fax 0 83 82 / 7 26 61

Perfekte Reden leicht gemacht
Wie Sie die 7 Todsünden jeder Rede vermeiden!

Wer heute im Wettbewerb bestehen will, muß nicht nur Gutes leisten, sondern muß auch überzeugend darüber reden können. Mit Kunden, Mitarbeitern, Lieferanten, Bankern und Politikern. Vor Verbänden, Kammern und Organisationen. Und auch in privaten Klubs und Vereinen.

Denn nichts spricht mehr für Sie persönlich und für Ihr Unternehmen als eine erstklassig vorgetragene Rede.

Wer überzeugend vortragen kann, dem schenkt man Gehör. Wer gut reden kann, der wird auch öfter um seine Meinung gefragt. Wer hervorragende Reden hält, der findet fachliche und persönliche Anerkennung.

Erstklassige Reden bringen Erfolg und persönliche Anerkennung.

Wer Erfolg haben will, muß durch Reden überzeugen!

Deshalb: **Der Reden-Berater**

Das Handbuch, mit dem Sie wertvolle Zeit bei der Vorbereitung Ihrer Rede sparen und sicher sind, durch Reden mit Stil, Niveau und Humor zu überzeugen. Auf 1.152 Seiten finden Sie Redenberatung nonstop.

Lassen Sie einige der besten Redenschreiber für sich arbeiten:

Friedhelm Franken, Thilo von Trotha, Albrecht Werner Cordt, Inge Kaiser-Bauer. Diese Ghostwriter, die sonst für Konzernchefs, Banken-Vorstände und Erfolgs-Unternehmer formulieren, werden jetzt für Sie tätig.

Das neue Konzept: Für jeden Anlaß die optimale Redestruktur

Im „Reden-Berater" finden Sie zu Hunderten von Rede-Anlässen die optimale Redestruktur. Egal, ob Sie einen Mitarbeiter im Betrieb für besondere Leistungen auszeichnen, ob Sie vor wichtigen Kunden sprechen, auf Fachtagungen vortragen, egal, ob Sie zu freudigen oder traurigen Ereignissen reden müssen.

Der Reden-Berater berät Sie:

- Wie Sie für jede Rede einen pfiffigen Einstieg und einen Schluß mit dem Aha-Effekt finden
- wie Sie Ihre Rede optimal aufbauen
- was an Punkten unbedingt drin sein muß
- wo Humor angebracht ist und wo nicht
- wie Sie Ihren Argumenten den bestmöglichen Nachdruck verleihen
- was man besser wegläßt und was man auf keinen Fall erwähnen sollte
- zu welchen Anlässen Gestik wie am wirkungsvollsten eingesetzt wird
- wie Sie zu dem jeweiligen Anlaß die Höhepunkte Ihrer Rede so verteilen, daß Ihnen das Publikum mühelos folgt.

Gratisinformation

Fordern Sie jetzt kostenlose Gratisinformationen über den „Reden-Berater" an:
Verlag Norman Rentrop, Theodor-Heuss-Straße 4/RB70, 5300 Bonn 2. Oder rufen Sie uns einfach an: Tel. 0228/82050.